大展好書 好書大展

大展好書 好書大展

社會人智囊
15

獻給青年的嘉言

秋庭道博　著
陳蒼杰　譯

大展出版社有限公司

古文合編

序言

二十多歲的青年，是充滿熱能的時代，一切都是新體驗。充滿好奇心，存在無數亟欲了解之事。

但另一方面，因經驗少，以致對自己的思考和判斷力缺乏自信。因此會變成很消極，或者將偶然得知的知識奉為金科玉律。由於無法了解一件事和另一件事的有機性關係，所以會猶豫不決、消極，或者不顧一切地往前衝。

可是，逐一累積這種經驗，會使二十多歲的年輕人愈來愈充實。因此，無論如何都要儘量嘗試一切事物。

本書是隨筆式的創作，部分是學藝通信社以「今日名言」，揭載於各報報端。我所引用的語詞，都是根據先人的研究或書物。因此，在此謹誌深厚謝忱。

秋庭道博

目錄

第一章　男與女

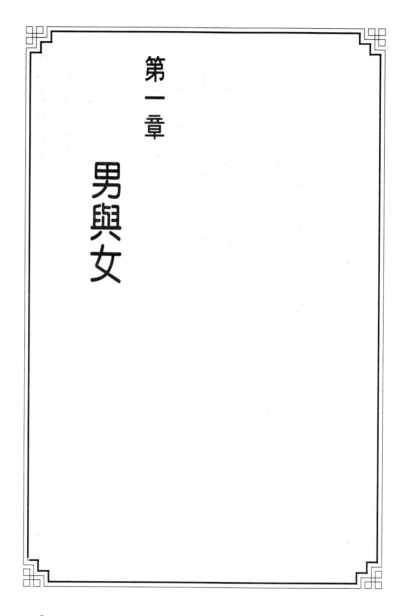

過度追求愛的實體，猶如剝落薤皮一般，剝多了便一無所有。

伊藤 整

——『有關女性的十二章』

一位女性感慨地說：「一一列出大家所做的一切行動，這社會可能就會毀滅了。」畢業於四年制的大學，在出版社上班的二十七歲某女。或許是她的外表和所言，以及實際所為有很大落差或矛盾，才會有感而發。

其實，愛的實體是無人知曉的。當然，可做各種推測；然而，推測也只是推測而已。雖言「自己應該了解自己」，但是，連自己的小小部份都說明不清。「只有自己喜歡的人，才會渴望和他接吻」語意未歇的女孩又突然改口，「除了他以外，我不會和人接吻」。理由是「喜歡他」，但為什麼喜歡他呢？實際上，連她自己也「不知道」。

所以，不要過於追求真實或實體，精神才會穩定。須知，二人能裸裎相待最爲重要。

平淡無奇的戀愛，最最無聊。

——『史卡班的歹念』　莫里哀

分別住在東京和大阪兩地的一對戀人，對於兩地相隔五〇〇公里的距離，害他們天南地北，朝思慕想著對方。二人心裡一定暗忖著，如果二人能住得更近一點，就能時常見面，一定更快樂。

愛慕已有家室之男人的女性，會傷感的說「為什麽他已經娶妻生子了呢？」當然，有外遇的男人也會後悔地說：「我太早結婚了。」

但是，二人的愛情能夠如此深刻、濃密，可說是存在那樣的「障礙」所造成的。由於父母的反對、競爭對手的出現、環境的變化等，使一對男女的戀愛更加不如意的事情愈多，二心的結合就會愈強烈。

每日見面的男女，因為見面頻繁，使彼此心中思念對方的程度變得很低。如果對方無妻無子，就不會戀慕，充其量也只是短暫的外遇就結束一段情也不一定。如此言語或許很諷刺，但是，現在正在進行中的戀愛是真正的愛情嗎？或者因為有障礙物，感情才會那麽高揚呢？

敵人在本能寺（意指「聲東擊西」）

明智光秀
——日本安土桃山時代的武將

在宴會或聚餐上彼此表現親密狀的男女，不一定是真正的情侶。在工作上感情要好的男女，會成為同事背後指指點點的對象，結果很少真正戀愛成功而結婚。

對於當著女性的面說「我喜歡妳」、「我愛妳」的男人的甜言蜜語，女人是不會相信的。至少，最初時候是這種心態。因為真正有了那種感情情愛之話，是不會那麼輕易就能脫口而出的。這是人之常情。

同理，真正的戀愛是深刻又平靜的潛行。即使彼此同席而坐，也會互相找他人談話，或者互相找碴以掩飾二人的關係。此乃顧慮二人的關係，不致遭到阻礙。

天正十年（一五八二），明智光秀在本能寺謀害了織田信長；但是，光秀的軍隊在渡過京都的桂河之前，仍未被告知真正的目的地。此乃想一舉達成計謀所使然。

戀愛時，徹底保持「敵」（對象）的秘密為上策。

輕鬆並肩散步於春之道，
亟欲更多人目睹的午後。

俵　萬智
——『莎拉紀念日』

一位男性不屑地批評一位懷孕，大腹便便行走的孕婦說：「一點也不覺得羞愧。」此乃意味「那副樣子不正表示『我做過性愛』的證據」。可是，那位孕婦本身卻是堂堂正正行走著。其中一人陳述感想：「我很自傲自己懷孕了。」

普通問女性：「妳在享受性愛吧！」泰半回答「沒那一回事」；但是，這可不是真心話。喜歡結交男友，進而想結婚、生子的根源，在於對性愛發生興趣。

但是，卻想掩飾其性行為的。於是，以「我才不知道那樣的事」的「偽善者」表情為前提，過著日常生活。因此，儘管非常渴望有戀人，然而卻要掩飾有戀人的事實。可是，在內心深處和戀人相依偎的喜悅感，是無法排除的。青春時代的充實感，就在於自己身邊有男（女）人，才能獲得滿足。

小人閒居不為善

『大學』

此乃意味「思慮淺，不累積修養的人，閒居時會做壞事」。

人類是周圍沒有眼光注視著你，或者未受到相當程度的強制，就很容易懶散的動物。一旦家人外出，或獨自一人躲在房間內時，因為太無聊就會做出自慰行為。可是如果有該做的工作時，在自慰之後往往會陷入自我嫌惡或疲憊感，以致延誤工作，結果喪失信用。

打電話惡作劇，或者背著妻子（丈夫）做出不倫之事，都是因為時間太多，閒著無事可做所造成的。被指責紅杏出牆的女性辯解著「是你冷落我」。但是，因為被冷落過著孤寂生活，而做出「不善」的行為，是沒有男女之差別。

我不太贊同將一切非建設性的行為視為不善的社會基準，但是，後悔和決心之間，猶豫不決的惡循環狀態，應該儘早根絕。因為，這是非常非建設性的。

擲出骰子之後，才能明白自己的心情。

——『第凡尼早餐』
杜魯門卡波迪

由成田離婚、關空離婚這兩句話可以了解，發現「決定錯了」的男女，是不會顧慮世俗的眼光。可說是很乾脆、很了不起的行為。

但另一方面，不禁令人產生「明知會分道揚鑣，為什麼還要結婚？」的疑問。以決斷和實行的觀點來看，無論決斷和實行結婚，抑或決斷和實行離婚都很了不起。這顯然和不敢坦白表現自己意志和想法的傳統日本人迥然不同。可是，問題在於決斷和實行之前，是否曾經深思熟慮。如果不曾再三思考，只是一時衝動的行為，則其決斷和實行就不值得讚賞了。

一位女性對我這樣的質問回答：「因為結婚，才使我真正了解，我真正想結婚的人是另一個人……。」

她說，最初她是顧慮世俗的眼光才選擇結婚，可是婚後才知道錯了。換言之，舉行婚禮或蜜月旅行，擲出骰子之後，才真正了解自己的心情。

先結婚，再慢慢培養感情。

西洋諺語

「先有愛情才有肉體關係?抑或先有肉體關係才萌生愛情?」對於這問題的正確解答，不僅一個而已。此乃因情形而異，有時是先有愛情，有時則以肉體關係為先。

可是，如果是玩笑式的解答，無不以肉體關係為先。理由是「H(表示性愛)之後才是I(愛情)」。該則笑話的根據，雖是羅馬字母的文字排列方式，卻充分顯現現代的性風俗。

不過，所謂「先結婚」這句話，似乎如同封建時代的觀念，其實也是表達「I在H之後」的模式。咸認落伍的觀念之中，意外地發現和現代人行動模式共通的特徵。

倘若擔心「可是，如果合不來……」，則直到結婚後能過著鶼鰈情深生活的自信之前，不要入戶籍，或者不生孩子。選擇這種方法，才是最現代化，最自由奔放的對應方式。

我知道，
她所買的烹飪書籍數量，
未必和她的烹飪技巧成正比。

——『關於戀愛我所知道的二、三事項』
秋元　康

這裡是高級飯店的大廳。一位雙眼凝視著廳外的街道，而喃喃自語著「我絕不會讓人看到睡眼惺松的模樣」，「可是我都看到了」坐在她對面的男性略露竊喜之色說著。這對男人而言，不啻是極快樂的一瞬間。是自然產生優越感，覺得很滿足的一瞬間。

對於戀愛對象，別人不知道的真實，唯有自己知道的心情，那份愉悅感在心裡澎湃洶湧著。一位女性在他人面前自信滿滿地表示「我最擅長烹飪」，或者「我了解烹飪的範圍很廣」；但是，知道她真正烹飪技巧的唯獨我自己一人的情形，會讓戀愛更加快樂，人生更為豐富。

促使戀愛成功的技巧之一，是增加二人之間的共同體驗。亦即，增加只有二人才擁有的回憶，一起約會，共進晚餐，雖然意在看到對方；但結果，二人共同的體驗會累積更多。

以指頭輕戳對方的額頭「你不如你嘴巴說出的那樣厲害」，或者以玩笑口吻說「我已看清你的一切了」。這樣的你，可說已經成為戀愛的勝利者。

一追，二金，三男

西洋諺語

「噢！好飽！」摸摸腹部，順便伸伸懶腰之後，又伸手拿起眼前的蛋糕送進五臟內的女性，大概世界皆同。席間常可耳聞一句台詞，「裝飯的肚子和裝蛋糕的肚子不同」。

無論如何，以第二者來看，似乎已經飽到快打嗝了，可是，如果本人心裡還有吃的慾望，則對眼前的美食，會很自然的伸手拿起來吃。

起頭的諺語，是意味「想誘引女性，第一要有耐心，不斷地追求；第二有錢；第三有男性魅力」。亦即，想誘引女性以耐心追求為最強力的武器。也有「一追、二追、三追」等說法。

為何「追」那麼有效呢？因為，男人是女人最喜愛的東西。如同已經很飽，但眼前有好的東西就會伸手一般，女性時時會有接納男性的餘地。不僅滿足排列在其眼前的，又敲旁鼓勵她「妳嚐嚐看！」自然而然就會再嘗試。

我和貓玩耍時，
或許貓是以我為對象在玩耍。

——『隨筆』　蒙田

如果你是男性，就將起頭兩句的「貓」改為「女」；如果是女性，就套入「男」的字眼。

如此一來，你會發現過去是你占優位所採取的行動，會突然讓你失去自信。愈深入思考男和女的關係，愈容易產生疑問。於是，愈想就愈無自信。

不過，由於如此，我們才能培養觀察事物的眼光，同時才能學到生活的智慧。從猜疑心、嫉妒心或不安心情所產生的各種假設，會使人備感苦惱，但是，會使思考的電路更發達，也更鍛鍊精神。

如此的經驗或試練，亦可應用於生活的其他場面上。因此，有人戀愛、結婚、生子之後，又有外遇時，其為人就更加成長。例如，時常變換男友使演藝技巧更加廣闊的女演員，或者深語開拓新境地的女作家等，為其代表；不過，其中不乏發生嚴重糾紛者。此乃過於以自我為中心，始終維持「自己都是對的」狀態使然。

我無所謂，你做主意即可。

森田草平
——『煤煙』

女性的發言，有時是無法依靠理性來解釋。有時認爲「擁有女性應該有女性風味的想法，根本就是性別歧視」，但一會兒又以爲「男人應該有男人氣概」，而顯露毫不在乎的表情。

有時會主張「男和女完全不同」，但有時卻發言「我運用男性所缺乏的女性特有感覺，開發新產品」，而絲毫不曾感覺有何矛盾。

由於遭到拒絕「不要」，而停住手，不意卻遭到女性埋怨，責難說，「你完全相信女性所說的嗎?你太不懂得女性的心理」。

女性雖靦覥的說「沒關係」，但男性卻手足無措，不知如何對應。女性並未具體要求「給我○○」，因此對男性所做的○○會反駁說：「我沒有要求你這樣」，而時常玩弄男性，可是，愈憨厚的男性，對女性愈誠實，結果就會演出「愚蠢」的角色。

純粹要求我的身體的他，讓我感覺心喜。

山田詠美
——『蝶蝶的纏足』

即使沒有愛情，性行為也會成立。只看待是一種身體鍛鍊，男、女也會感覺滿足，也感覺身體很暢快的經驗者，都明白這一番道理。

西洋有一則笑話，前往無人島時，只需帶著最醜的女佣同行。朋友疑惑地問他：「既然要帶女佣，就要帶最美的美人。」

他不以為意的回答：「等我認為這個女人是美女時，就表示我已經欲求不滿而可以回國了。」

如同人有食慾，性慾也是與生俱有的本能。如果缺乏性慾，人類之種就會滅絕。因此，純粹追求異性的行為，可說是一種美。可是，人類的歷史卻在它上面加入各種添加物或意義，而建立文化。對年輕人而言，很難理解這一番道理。

事實上，男女都想擺脫這種束縛，優游於自由世界之中，去感覺生命的光輝及滿足。

與其說人類本來是一夫一妻，毋寧說是一夫多妻的性格。

新井康允

——『以腦觀看男和女』

據悉，靈長類之中採行一夫一妻制之種，其雄性和雌性的體形或身體大小，幾乎無性別之差。可是，一夫多妻制的種類，雄的身體較大，而且只有雄性的攻擊用器官特別發達，理由是雄性為了營運後宮，使彼此的鬥爭激烈化，自然就會如此。

現在，我們將人類比喻為猿類，以比較人類男和女的姿態。顯然易見，男性較為強大。猿類和人類相比，其雌雄之差，還是人類較大。亦即，以動物學的觀點來看，人類並非一夫一妻，而是一夫多妻的性格。

可是，現在國內隨著女權意識的高漲，女性體格也愈來愈大。這是否意味肉體已從一夫多妻的性格，轉變為一夫一妻的性格？

在地球上，有些國家的法律是允許一夫多妻，但今後不知會有何變化。

女人最大的喜悅是傷害男人的自尊，但是，男人最大的喜悅是討好女人。

——『非社會性的社會主義者』蕭伯納

任性的態度，包含了依賴的要素。行止任性的人，很想了解別人能允許自己的行為到什麼程度。女人對男人很冷漠，或者提出無理要求，無異是想看看對方能容忍自己的任性到什麼程度。

在日常生活的水平上，一般很難接納「你跪著吻我的腳」的任性要求；但是，對於一意想討好女性的男人而言，必然會唯命是從。這正證明那位女性的價值極高。如此一來，女性豈不喜悅？在其全身必然盈溢著，在我的魅力之前，男人心甘情願捨棄地位、名譽、世俗眼光，而跪伏在我裙下的快感。

男人一樣擁有相同的心理。尤其是在床第之間，讓女性口出卑猥之語，或者採取令人羞愧的姿勢。不過，在男人的心理上，倒認為這才是取悅女人的做法。

提親時不宜奉茶

俗言

討吉利，好彩頭，是任何一個時代都不變的習性。

出現於學生時代教過古文中的「方違」，也是其一例，意味出外的目的地，方向不佳時，便在前一夜先住在位置方向吉利的房間，翌日一早才到目的地的習慣。這是屬於陰陽道的俗信。

現代，仍有一直保持勝績時不剔鬍子的相撲力士，有些棒球選手在比賽獲勝中，習慣都以同路線進入球場。我認識一家公司的營業所所長，他一向習慣從左腳踏入辦公室。相信這樣一來，才能提高業績。

提親時不宜奉茶，是表示不會把婚事茶化（逗樂兒、嘲弄）。同時，也包含期盼婚事能順利進行。此乃由在特種營業場所久待客人不來的稱為「挽茶」（清閒時，為了避免無聊，把茶葉磨成粉。是娛樂界、風花雪月場所對無客人上門的暗語）的連想而來。無結婚對象，就是得不到好彩頭。

因此在日本，凡是提親、相親、婚禮上是不供應茶水，而以櫻汁代替。茶杯內放置醃漬過的多瓣櫻花，在沖入開水後，花朵就是綻開，因此被認為是好彩頭。

在這社會裡，
有許多事物是因為朦朧不清，
才會讓人感覺美。

——『愛就是一切』　柴門文

有一句話「夜目、遠目、笠內」，是意味女人的容貌，在夜間觀看，從遠方觀看，或戴著帽子窺視，都比實際有美感。因為在這些場合中，是很看清對方的容顏，於是套上自己所擁有的美女像，而感覺格外美麗。

無論任何事，對於無法看清實體的對象，人類會發揮無限的想像力。卡爾布雪（Karl Busse）的詩「傳聞在山那一端的遙遠天空裡，住著幸福」，讓人感動的原因，在於所能看見的並未具備具體的輪廓。過去和未來會讓人感覺美，在於眼前看不到其實體使然。

因此，美並非女性本身，而是男人所擁有的女人像而已。當然，認為是可靠的對象並不在男性，而是女人所擁有的男人像。婚姻上常起風波的理由，在於男和女是在誤解這樣的美麗之下而結合的。

屬於處女的妳，能保證明日失去處女的妳的將來？

——『給予戀愛中的女人』 笹澤左保

有一句話，「女心如秋空」。但女性卻主張「男心如秋空」。總之，異性的心是很難了解的。因為不斷不規則的轉變，所以很難掌握。「等我結婚以後，你還會來看我嗎？」如此撒嬌的女性，過一陣子會改變口氣說，「我有新的情人了，以後不想和你見面了」。或許這期間，僅僅相隔兩週而已。

因此，雖言「明日我會笑著和你離別」，而打算今夜放棄處女的女人，不知明日又會產生什麼變化。神經纖細的男人，愈耗精神猜測未來的狀況，結果就會陷入陽萎狀態。

因此，男女關係只需享受現在這一瞬間即可。想猜測未來，洞察對方的心態，結果只是一廂情願，甚至最後只被對方玩弄而已。這種情形類似無動機的殺人事件，對方並無困擾你，玩弄你的意念，因此無法預知將來如何。對男人而言，愈天真爛漫的女人，愈難以對應。

坦白說，在這社會裡，
只有懂得戲劇者和不懂戲劇者二種類。

橋本　治
——『戀愛論』

如果我們能夠和他人和睦相處，就應該和人和平相待。但是就現實問題而言，人皆有好、惡，同時有不同的生活信條。一群人無聊地相聚一起，其中有人很努力的在聊天，但還是無法溝通。所以，日常上的交際還算容易，但是打算戀愛時，就要慎重選擇對象。

不懂得戲劇的人，是無法談戀愛的。因此，一切事物都依靠道理思考的人，是無法了解戀愛是什麽？所以，耳聞從事電腦關係工作者泰半是高齡獨身男性，不禁會讓人覺得「這也難怪」。

現代的戀愛，是身體和身體立刻結合，可是也會被彼此腦中產生的妄想、期待或暗示所造成的模擬試演所引導。因此，無法描繪生動戲劇者，就絕對無法發生熱烈的戀愛史。

身體和身體的接觸，只是物理性的行為。但是戀愛，是必須在其過程中構築戲劇。

結婚和熱病恰好相反，是先發燒，再以惡寒結束。

萊登堡（G.C.Lichtenberg）

——『箴言』

「結婚以後，不會有人再約我了」一副心有不甘的ＯＬ抱怨著。過去的她，時常有人邀請她吃飯、看電影、觀賞比賽……幾乎讓她應接不暇。

在這種狀態之下，開始讓她感覺自己在公司裡已經不再是同仁間的焦點了。

現在，已經是女性結婚後不會辭掉工作的時代了。可是，在這社會上，可能有很多類似結婚以後就不再有男性邀約她，以致內心備感孤寂的已婚ＯＬ。

這種事實和壓力，本來只有體驗者才能切身感受到。前輩是不會談到這一類問題，而且個人的想像力，在精神飛舞的時代（青春期）是不會那麼好的。

先人曾告誡，結婚是以惡寒結束；這對未婚者而言，只會接納為偽惡性的發言。同時，即使假設這是事實，也堅信唯獨自是例外的。

二人同時體驗相同事物，
但是感受卻截然不同。

——『戀愛自由自在』
田中康夫

假設一對交往很親密的男女，雖同遊夏威夷，但二人的視界和感覺不一定相謀合。或許男的在出發前，心裡就計畫以這次旅行為契機準備結婚。但是，或許女的會以這次旅行為最後一次，打算結束和男的關係。假設果真如此，對於從威濟基海灘湧來的波浪，和在鑽石角的遠眺，二人都會有不同的感受。

即使男的親吻女的，感覺「接吻很甜美」，但也難以保證女的也有相同感受。男的感覺接吻很甜美，但或許只是女人塗抹口紅的味道而已。

在雲雨做愛之後，男的獲得充分滿足，但女的不一定相同。倘若感覺相同，則有關「女性的不滿」的信箱或諮詢，應該會銷聲匿跡。

確實，感觸是因人而異，但在，「事件」突發之前，我們都會遺忘這種事情。

你們之中無罪過者，先用石子投擲這個女人。

『聖經』

聽聽電視上演藝界記者的報導，不禁會讓人感覺「你有那麼偉大嗎？」例如，發現他人秘密約會，或不倫事件被披露等的記者，似乎就會以「我是仗義執言者」的態度質問演藝人士。

任何人都會戀愛。在人的一生中，有時會和二人以上的人感情要好，或許那時對方已經結婚了。可是，對方若公開事實，勢必難以原諒；而記者本身唯有先將自己所談過的各種戀愛或不倫公諸於世，才有資格去質問他人。

耶穌在耶路撒冷東方的橄欖山說教時，有一名女人因為「在姦淫場所賣淫」，而被告發逮獲，捆綁著雙手。起頭的兩句，是耶穌針對律法學者的質問「摩西命令我們，用石子打殺那個女人」的回答。

人時常會糾彈、批評他人；但事實上，自己也曾有過相同的行為。無論任何的戀愛，只要當事者負責，人人都是自由的。

道德會因時代和場所變化成妖怪的怪物

——『戀愛聖經泉式部日記』　高橋泉

「社會本來就是這樣」，聽到這句話會讓人覺得「說的也是」。尤其受到年齡大過自己，或社會經驗較豐富者的忠告時，年輕人就無反駁餘地了。因為年輕就是表示經驗少，所以不得不沉默。

其實，大可不必如此小心翼翼。儘管俗謂「突出的樁會被打下」（樹大招風）；但事實上，這個社會似乎對快樂談戀愛、意氣投合連袂旅行的年輕人，感覺很吃味、嫉妒。其實自己也渴望能採取相同的行動，所以才會扯年輕人的後腿。

向年輕人說教「這是不道德的」。但事實上，道德如同日出或日沒的時間，在北海道和琉球有一小時以上的差距。因此，應該以什麼為基準？則是因情形而有變化。

當然，道德是很重要的，可是二十多歲時期，表現一副小心翼翼，或退縮想成為人人皆碑的乖順孩子，必然會後悔一生。

飛躍的人，可說都是勇於做自己想做的事。

四種戀愛型態

史坦達爾
——『戀愛論』

史坦達爾將戀愛分類為以下四種型態：①熱情戀愛，②趣味戀愛，③肉體戀愛，④虛榮戀愛。

顧名思義，①是互相熱情的戀愛，是男、女之間極為自然產生的戀愛。以較深奧的口吻來說，是魂和魂之戀。

②可說是因戀愛而戀愛，亦即陶醉於戀愛的戀愛。似乎是和眼前的對象戀愛，但其實只浮遊於浪漫世界裡而已。猶如痲疹式的戀愛。

③是以滿足肉體為第一的戀愛。是肉體和肉體之戀。以某個角度來看，可說是大人之戀。

④是打如意算盤重於愛情的戀愛。主要是為了閨閥性、財富性以及政略性而結合的男女戀愛。

以上分類並無特別新鮮感，然而作為戀愛的話題，倒是相當有趣。

第二章

確立自我

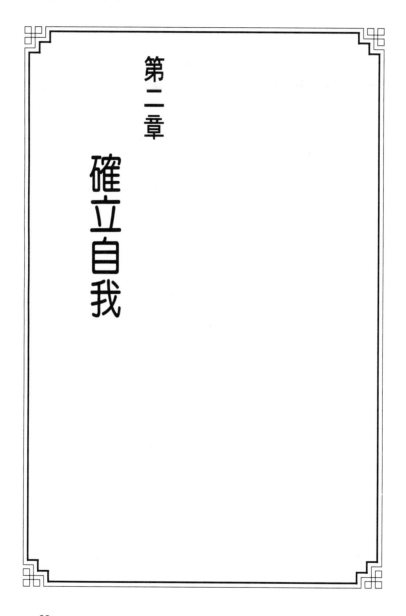

拯救自己者為自己

諺語

青春時代的特徵之一，是自己無法愛自己。

諸如「為什麼腳會這麼大？」「嘴巴應該再小一點」或者「體毛太密」等等的不滿情緒，都是發自對肉體上的不滿。

運動神經遲鈍是令人可悲，但頭腦差的自己，也是讓人難過、煩惱，或者繪畫不佳、不擅長音樂等等，以致無法和同學一起活動的自己，會陷入自我嫌惡感。

年輕人過度追求完美，即使一點小缺點也感覺嚴重，而認為是決定性的缺陷。進而產生不滿、焦慮、自卑、不安、劣等感等，最後形成消極的性格。

可是，能開悟到「除了現有的自己以外，不再有自己了」，突然之間一切會變得不可思議，自己的眼前展現一片光明，自卑感自然煙消雲散，自信備增。

總之，應該接納自己、愛自己。這才是拯救自己之道。

自己的臉孔歪曲，
指責鏡子也無用。

——果戈里
『檢察官』

對著手拿成績單怒吼「為什麼成績這麼差」的父親，兒子心裡很想反駁「遺傳自父親」。然而卻不敢如此回答的是，兒子尚未清楚認識其事實，或者即使想如此回答，卻畏懼於父親體罰之下而三緘其口。

對著女兒說，「妳應該莊重一點」。凡是接到男孩子的電話，就急著出門」的母親，應該回憶自己和女兒同年齡時期的情景。可能會發覺，當然的自己也只對流行和男性有興趣而已。

本來，人類就喜歡把自己擱一邊，而去批判、攻擊他人。「應該比一般人更努力工作」，相信任何公司都有這一類的上司；但是，如此要求員工的上司，有否考慮待遇和關懷比其他公司更好呢？

然而，將一切責任推諉在父親、母親或上司身上的自己，到底了解自己本身多少呢？可曾想過更努力了解自己呢？

青春期的少年很可悲。可悲、傻相，而令人可笑……

——『植物性戀愛』

松本侑子

人類，無法依據自己的意志使身高更高。臉上的五官也無法由自己決定。同時，無法操縱心臟，使心臟活動或停止。儘管如此，但是有關自己的事，應該由自己負責。這一切，不知是由誰決定的，實在太不合理了。本來，我們並非想成為人才出生為人。

對年輕人而言，感覺性慾是很莫名其妙的，在無關理性和意志之下，身體會產生變化，或者被異性所吸引。儘管如此，仍須自己負責任。直到確切了解莫名其妙的真正原因，是由「性慾」所引起的，是需要花費一段頗長的時日。

猶如失去舵的船，引擎突然啟動發揮作用般的狀態之下，要求我們「要一直往前邁進」，並非輕而易舉之事。

雖言，要發現自我，然而常遭到和自我無關連，卻能遙控你本身的對象所阻礙，以致忙得不可開交。因此以第三者來看，既可悲又可笑，但本人卻是十分認真。對於不必要的煩惱也感覺煩惱，或者會脫軌難以控制。這就是青春。

對青年而言，一切的思想，只成為自己行動的口實而已。

──『現代文學的不安』　小林秀雄

以其他妥切的字眼代替「青年」和「思想」這兩部分，將會形成各種有趣的文句。例如，「對收賄政治家而言，一切的政策，只成為自己行動的口實而已」，或者「對獨裁社長而言，一切的方針，只成為自己行動的口實而已」等等。在我們的周圍，無不充斥著自我正當化，可說是「所謂自我，就是極力想要自我正當化」。

但是，青年存在可愛的理由，在於未將自己脫口而出的思想或理想，視為自我正當化的手段。不啻是天真無邪，或者一切皆來自內心的衝動而已。因此，即使行動和脫口而出的思想不一致時，也不介意。甚至發生矛盾，自己也不一定會發現到。

但是，收賄政治家或獨裁社長會刻意排列出冠冕堂皇的語辭。和青年的不同，即在於此。

以此角度來看，連自己是何者都不是很清楚的青年，確實非常可愛。

人不僅尋求自己的根，同時須尋求瞬間的認同性。

五木寛之
——『雨日咖啡屋內』

有人會大言不慚地炫耀自己的家世，祖先是多麼了不起，不僅很自傲的誇示，而且還充當為自己的存在理由。

當然，這並非惡。但以人類的歷史而言，回溯過往的時間也顯得太短暫了。因為，在其以前，人類的歷史就有幾十萬年、幾百萬年。因此，故意凸顯個人的根很特別而想造成差別化，是了無意義之舉。

我們不必在意炫耀自己根的人的心態，況且人類都是受到神的青睞，遴選而出的，充其量也只是一種虛構性的。

將自己的存在理由，來縛於他人利害關係之下所演出的過去，只會讓自己生活在不平、不滿以及失望的陰影之下而已。

倘若能憑藉現在自己所擁有的時間和空間，去發現自己本身的存在理由，則自那一瞬間開始，你就可以過著肯定人生的充實生活。

腳程快者、慢者都同時在渡舟上

阿拉伯諺語

吃飯時，有人吃得相當快。朋友一夥一起吃午餐時，那樣的人很快就對大家宣稱吃飽了。儘管如此，但是他不會在午休時間去做和大家不同的行動。先吃完飯的人，會在很無聊的狀態之下等待大家吃完飯。

清晨在上班路上，有人步伐一步緊接一步地走得非常快。往往會一個人接著一個人的追趕過去；可是，碰到紅燈時，又和被自己追過的路人並肩等待。事實上，並非走得愈快，愈早到達目的地。

在大學聯考階段儘管一再重考，或者在就職階段中較遲、較不順利；但是，對其人的結婚或生子的時期並未產生變化。亦即，並非愈早結婚，就愈快發跡成功。

無論如何，切勿因鄰人的姿態或行動而焦躁。例如，馬拉松賽跑，有領先的選手，也有一意想追趕他的選手。人各有自己的速度，而能維持自己速度的人終將獲勝。因此，感覺現在還不需要跑時，就不必勉強自己去跑。

燕雀安知鴻鵠之志

『史記』

「燕雀」是指燕和雀，「鴻鵠」是指鴻和鵠。字義解釋是「如燕或雀等的小鳥，豈知鴻鵠等大鳥的志向呢？」引申爲「小人物豈知大人物的遠大之志？」

因此，如果周圍人們取笑你，或在你的背後閒言閒語時，只需喃喃自語「燕雀安知鴻鵠之志」，而貫徹自己的志向即可。例如，為了研究外國文化決心和外國人一起生活時，絕不聽信耳畔的無聊雜音。對於自己一心想做的事，有時須突破一般見識，勇於面對挑戰。

本來，社會也只能接受一般性的、習慣性的、平板性的而已。於是，也只能理解到那種程度而已。

所謂「志」，是自己本身所擁有的，已經超越好於批評他人的社會水平。因此，應該更具信心勇往直前。

能實際觀察，實際行動者，稱為勇者。

——耶佛雷特『人生修養』

看看由日本發行的世界地圖，會讓人覺得日本是位在世界的中心。但是，世界各國的世界地圖，無一不是以自國為世界的中央。如此一來，任何一國的人民，都確信自己的國家是在世界的中央。

可是有一天，看到不是自己國家發行的世界地圖，才恍然得知應該在地圖中央的自己國家，卻被排在角落。其驚愕和違和感的衝擊不可謂不大。

人隨著成長所體驗的挫折和違和感，與此相似。不僅可了解過去在自我為中心之下所看、所想的不同世界或立場；同時，可了解過去自己所住的世界，並非為了自己而存在。

對自己而言，能自覺絕對性的自我存在，在世界上只是相對性的存在而已，就有成長為大人的含意，其過程是煩惱多的青春時代。

聖堂未曾誕生大豪傑

清河八郎
——『書簡』

自己和他人都認定自己是秀才的年輕人的最大缺點，在於不知如何對應沒有答案的問題。

衆所周知，他們的才能都是發揮在已有答案的，亦即如何更有效處理的能力。學校考試必然有答案，在該制度之下，他們的表現都是正確又優秀。但是，人生上之諸問題的答案並非只有一個。秀才未必是人生高手的理由，就在於此。有關新時代的構想力，亦非秀才擅長的部份。

出身於庄內藩，為幕末志士的清河八郎，在屬於幕府聖堂的昌平黌求取知識。本節起頭的語句，據聞是他在寄給父親的家書中對學校的感想。他對當時的秀才備感失望。

時代發生大變動之際，為人所求的人材不是端正的秀才，而是能挑戰無答案問題的豪傑。

應該用心叱責的，不是他人，而是自己本身的身心。

——高村　薰
『馬克斯之山』

「應該每日按照這種運動來伸展身體」，或者「凡是星期假日都應該爬山健身，即使小山也無妨」等等，會有人想這樣教訓他人。

但是，這些人光說不練；即使能身體力行，充其量也只是三分鐘熱度而已，絕對無法持之以恆。結果會被認為「某某人只會動口說說而已」，於是無人接受他的忠言。甚至認為「反正他的話是從電視上聽來的，或者從那兒聽來的而已」。久而久之便逐漸被人敬而遠之了。

因為，凡是人都不喜歡被人訓誡「你不做什麼，什麼，所以才不行」。

人不應該好管閒事，應該多反身自省，鍛鍊自己。倘若你有閒暇管他人閒事，則應由自己先嘗試實行，以獲得實際的成績。在這世界上，缺乏實績的言語是很難令人入耳的。同時，年輕是無實績的同義語。因此，為了能夠讓人心服口服地聽信於你的話，就必須先叱咤激勵自己。

唯獨一人不是人

——『伊諾克・雅汀』丹尼生

有人向你解說「人字，是一人和一人互相支撐的形態」，而讓你感覺很佩服，頻頻點頭表示「很有道理」。接著又說「人必須互相支援、扶持」，也讓你深深感覺「人生在世，是應該如此」。

但令人困惑的是，凡是有二人以上時，個人的自由就會受到限制。例如，想聆聽音樂的自由，和不想聆聽音樂者的自由，無法同時獲得滿足。希望支配人的企圖心，和不願意被人支配的獨立心，也無法同時獲得滿足。

因此，「為人」這句話，是有可疑之處。由於如此，就有人指稱「為人是虛偽的」。

無論如何，我們人在家族和社會之中生活，一味主張個人，必然會引起摩擦，對立或爭執，此乃可謂個人的存在或自由，和社會具有二律背反（謬論）的傾向。在此前提之下，個人應捫心自問「自己是什麼？」

人類本來不是有罪也不是無罪。只是罪少或多的差異而已。

——『斷筆宣言的軌跡』筒井康隆

判斷善惡或罪過，並無絕對的基準。只是法律、習慣或喜好而已。吃牛、豬的人，會批評吃鯨是野蠻行為。同時，對雞肉、火雞肉食指大動者，卻嚴詞斥責吃小鳥者的殘酷。再者，主張人不可殘殺動物，確信素食主義「不奪取生命」的人，豈知植物也有生命？

我們人，都一心只想裁判他人。或許都認為自己是正確的；但是，正義並非只有一個而已。正義是隨著人數成正比例。而且人的數目，不僅現在擁有生命者，連生存於過去，或將誕生於未來的人都概括在內。

說人類罪惡深孽，確實不淺；但是，說罪過不深，罪就不深。因此，發現自己，就是發現這樣的道理。然而世間所有人，都無法超越時代生存，因此對於風土習俗、宗教和道德，皆表敬意即可。

能夠判斷美的人，為用心詳窺美的人。

本明 寬

——『成為歡迎者的心理學』

家庭為自營業的孩子，咸認父親是在家中工作的。但是，夫妻二人都是上班族的孩子，卻以為父母親都必須出外工作。家族中的一份子常出國的家庭裡，認為出國旅行不必做特別準備。對於進入明星大學升學率高的高中而言，認為上大學只是極普通之事而已。

孟子的母親為了教育孟子，陸續遷居接近墓地、接近市街、接近學校，其住處共計三變，因此才有「孟母三遷」的成語。此乃強調在人格形成的過程中、環境是不容忽視的要素。

據聞，唯有時常觀賞最佳作品，才能培養出美術品的觀賞眼。能看純正物品的人，在贋品之前會立刻發現「怪異」。

因此，儘量讓自己本身置身於良好的環境裡，變成不努力也能接近目標的重點。深諳該要訣的人，堪稱「人生高手」。亦即，意味了解何謂「人」。

年老者，
因無法再成為壞榜樣，
因此想以良好教訓來洩恨。

——『拉羅修夫克箴言集』

在撲克牌的遊戲上，有一種稱為「信不信（Doubt）」。首先分發紙牌給遊戲者，然後個人按照順序，並依「1」「2」，以牌的背面為上提出牌子。輪到自己必須提出某數字的牌子不在手上時，可提出其他數字的牌子；但是，他人懷疑時，就會被喊「Doubt」。

一旦有人喊出「Doubt」，出牌者就必須翻牌；如果牌子正確無訛，則喊「Doubt」者必須收回前面列出的牌子，反之，牌子若是錯誤的，則提出假牌者須收回前面列出的牌子。以此方式遊戲，牌先出完者贏。

結束該遊戲之後，會令人覺得大家都很擅長佯裝，一旦翻開牌子，總會感慨萬千地覺得「這社會可能也是如此」。

與其說年輕人從好的教訓學到很多啟示，不如說從壞的教訓學到更多。

倒立掃帚蒙上包巾，以驅逐長坐之客。

俗言

看到客人一踏出門檻，女主人不禁噓了一口氣說「這個人真會閒聊，講那麼久還不回家。確實愛講話」。如果讓鄰居在無意中聽到二人閒聊的情形，會讓人覺得不知是誰才是愛講話，這種心態實在有趣。這可能是不懂得如何清楚表示意志所造成的。

因此，為了趕走長坐之客回家的訣竅，自古便流傳「倒立掃帚蒙上包巾」的方法。其中理由不明，但有一種說法是「自古即信掃帚擁有魔力」，另一說法是「帚字反過唸就是出去（日本文字）」。

總而言之，長坐之客是不受歡迎的。從以下兩則俗言，即可充分證實這種心態，「白鷺飛離的姿態美妙，久客離去是好事」，「哭著留客，客人仍然要走，主人就會竊喜」。

如果過於信任他人微笑的臉孔，或者當面說出的奉承話，是很容易成為背後被批評的對象。事實上，你自己本身也是如此。

因出生地相同的人會自然湧現親近感

——『過於認真的男人』　大谷羊太郎

僅僅在國內生活，不會因對方是同胞的理由而產生親近感。可是，一旦在美國或歐洲等異國巧遇同胞時，就會自然湧現親近感或者安心感。

但最近，無論到世界那一個角落都會碰到國人，甚至有人會說「真是令人厭煩」。不過，一旦遭遇困難時，國人彼此之間會產生親近感是不容否定的。

同樣的，也會有同住○○縣，卻無親近感的情形；但是，一旦到了大都市或不同縣市的同縣人，就很容易產生親近感。或許是有共同的話題，或者在同一風俗環境之下擁有相同氣質所形成的吧！

在外國會形成中國街、國鄉會、國窗會的理由在此。

可是，有人傾向濫用這種人情也是事實。以同窗、同鄉或同胞的理由接近對方、利用對方，甚至扯後腿。存在我們心中天真樸素的保守性、追隨性或閉鎖性，是很容易被利用的。

不知問人是一時之恥，不問是一生之恥。

諺語

有人指稱，所謂「學習」，並非「想了解更多」，而是「了解自己是無知」，初學歷史的國中生會自信滿懷地說，「關於石器時代，大體上都已了解」；但是，這一方面的專家卻會自卑謙虛的說：「目前所知還是太少。」

由此可知，「不知」是不可恥的，反而是佯裝了解的態度令人不屑。

吉田兼好在『徒然草』一書中曾提到，「即使是小事，也企盼前輩能指導我們。」如此般的，凡事都能有前輩、指導者來指點，應該衷心感念自己是幸運的人。對於不知，疑惑之事，應該積極向人求教。

不過，在問人之前，必須先盡己所能的進行調查或思考，如此對對方才不致失禮。只需查閱字典即可了解如何書寫的文字，是不應該問人「如何寫」。擁有這種謙虛態度，對確立自我才有裨益。

容易暴躁發怒，就維持容易暴躁發怒的性情。

——『日本人的生活模式』會田雄次

人是很容易重蹈覆轍、犯同樣的「過錯」。一旦失敗時，人人都會肯定的說，「以後不能再失敗，一定會小心謹慎。」但不久之後，總在不知不覺中又犯下同樣錯誤。例如，外出後忘記帶傘回來的人，或者時常遲到的人，都是同樣的。

其理由是，人天生的性格和後天所培養的習慣，並非輕易即可改變。因此，脾氣暴躁容易生氣的人，一生都是容易激動發怒。可是，這並無不對之處，在這社會裡，都會規勸人們依靠努力和修養來抑制容易發怒的性格；但是，克服容易發怒的性格談何容易。

確實，易怒的現象可視為一種短處。不過，這項短處有時是顯現為仗義執言，或者絕無陽奉陰違的態度。或許堪稱正直者、感覺敏銳、充滿活力的樂天派。

於是，被認為是短處的，其實也是長處。亦即，短處是長處，長處是短處。以為已矯正缺點，結果卻除去優點，此舉豈不愚蠢。

不了解我的這種秘密，即非真正了解我。

野上彌生子
——『日記』

每日在辦公室生活的自己，以及認為那種生活無異於商業性微笑，以及和自己人格毫無關係的自己，哪一個才是真正的自己呢？

一旦想到這一類問題，就必須提高警覺，可說已經開始呈現對職場的不適應症狀。多數的上班族是不會這麼想的。在職場上的言行，只是反射性、職業性的而已。對權力者的一切意見或方針表示「很有卓見」，「很有道理」等，並非尊敬或同意的結果。頂多是輕蔑，最好是無關心、無關係的原因而已。

同理，任何人都有秘密；可是，深諳對應這社會的人，不會結合其秘密和人格，而使自己產生不可解的煩惱。容易呈現對人生不適應症狀的青年期，是很容易為了自己的秘密而苦惱。可是，隨著愈了解社會和他人的真正姿態，其秘密就愈不受到拘束。其中將秘密視為「原罪」的人，才是一直執著拘泥於自己的秘密之中。

了解流行變得快，但人人無不追求流行。

——『現代學生百人一首』
篠原秀雄

流行實在不可思議。當今認為破舊、補過的褲子時髦，於是故意撕破新褲子補了。流行寬腰帶時，對寬腰帶就會產生時代感；但是，一旦流行細腰帶的新時代，寬腰帶就成為落伍、不高雅的衣飾。

本來，趕流行也不是什麼罪過。凡是喜歡什麼，就自由奔命的去享受，有了新流行就去追求。可是，有時因趕流行，結果卻讓人後悔莫及的類型，就必須三思而後行。以為未婚媽媽就是走在時代先端的女性生活模式，結果成為未婚媽媽也是不錯。可是，時代潮流變成孩子必須有親生父親的家庭成長時，該怎麼辦呢？或者以為不生孩子，繼續工作才是新女性生活模式的流行趨勢之下，時代轉變為生孩子才是女人的幸福時，又該怎麼辦呢？

確立自我的出發點，在於先認識「時代風潮是無責任的」。

萬事之初皆難成，但是，積功、鍛鍊可成高手。

淺井了意
——『浮世物語』

初次使用粘土做工藝的人，大多只是捏捏粘土而已，幾乎難以做出自己想像的形態。不過，能夠持續做下去，就能慢慢出現自己得意的作品。不久之後，即可成為充實的要因，甚至使人生充滿自信。

母親在廚房切菜的聲音很有節奏感，絕不會變亂。這是根據長年經驗才有的能力。少女時代或新婚時期的包丁，是缺乏節奏，顯現不安的聲響。

無論做任何事，不可能一開始就很擅長，必須花費時間累積經驗、技術才能進步，而且更可堅定信心，對於「到底我是什麽？」的回答，也是同理。最初會認為這也不是，那也不是，以致因惑不解。即使提出答案，也是缺乏自信，一旦有人提出反論，信心就開始搖動了。

但是，隨著時間的經過，搖動的幅度愈來愈小。即使無法一針見血的指出要點；但是，大概已可達到相當的結論。三十多歲的時期，只需依照其結論活動即可。

第三章

工作

一生歷經二世

福澤諭吉

——『文明論之概略』

有人指稱，上班族終身雇用的時代業已終了。今後的趨勢，是一個人須從事數個職業、就職於數家公司的狀態。當然，如同過去只適用於一家公司的人，是無法適應生存競爭。因此，切勿存有為公司而工作的姿態，須採取為自己而工作的原則，否則一旦遭到公司解僱，你將迷失於十字路頭，不知何去何從?

既然公司不會照顧員工的一生，那麼就職者對公司也不會有強烈的忠誠心。人在一生之中，必須歷經數種不同的價值觀世界。

福澤諭吉，是出生於江戶時代的時間，但卻在明治時代的時間裡成長。亦即，在其一生中，經歷不同的二世。是意味「歷經二個世代」。

今後的上班族，必須有一生經歷二世、三世的覺悟。須知，所從事的工作已非輕鬆的職業。

諺語

門第不如教育（英雄不怕出身低）

職業的選擇是自由的。因此，不乏不繼承父業的子女。他們都能確信自己的能力，獨力創業。

但是，子女會在不知不覺之中接受父母的價值觀、信條等。在日常生活之中，會將其父母或其家庭所擁有的生活智慧，灌輸於自己的腦海裡。因此，生為上班族家庭的子女，還是會成為上班族的一員。

和藝術家的子女相比，其對上班族的適應性更高，醫師所以想要子女繼其衣缽，據說是設備投資昂貴，若無子女繼承豈不枉費。至於政治家亟欲子女成為政治家，據說可利用其地盤和人脈。

當然，其道理是不容否定的。可是，問題是孩子自己本身對職業的適應能力。日本人領養外國人的孩子，孩子就會說日本話和成為日本人。有句格言「門第不如教育」，當自己有所迷惑時，可以好好咀嚼這句話。

我的努力，是從容易讀的字開始書寫。

——『對古代的熱情』 士利曼

到文化中心等的人，或自稱「喜歡寫文章」、「想寫文章」的人，所寫的文章的最大缺點，只是自我滿足式而已。能夠寫出自己想寫的內容當然很好，但是，可曾考慮讀者的立場，因此所寫的文章只是本人懂而已。在無任何說明之下，突然出現專有名詞，或者很貿然的出現朋友的軼聞趣事。

只是擁有想寫文章的意欲，並未努力想讓讀者一起分享。無論從事任何事業，僅僅依據本人的意欲行使，終究成空，了無意義。唯有正確傳達、理解自己的意圖，並且獲得對方的協助，才能順利推展所為。因此，無論是書寫信函或文件，都必須處在對方的立場，書寫容易閱讀、容易了解的內容為要，其第一步，是書寫容易讀的字。

現在是文書處理機極為普遍的時代，即使不易閱讀的文字，也不會造成太大的障礙。可是，站在對方的立場思考，才是溝通的基本，而且是不變的真理。

制敵的第一要件，在於使其節奏產生異常。

津本　陽

——『致勝要訣　生活要訣』

實際打網球、桌球之後才了解，愈強的對手，愈是不讓我們打出自己擅長的球路。反之，無論對手是多麼強的選手，只要你能如意打出自己的球路，對手就不容易接到球了。亦即，所謂「強」是意味使對方無法發揮力量。

為了不讓對方發揮力量，首先是讓對方的節奏產生紊亂。例如，對方以為會回打強勁球時，即給予弱球，使其節奏紊亂。原本輕鬆可接的球也接不到。

對方因工作失誤，以為必然遭到怒斥時，就避免指責，反而給予安慰，其效果更加彰顯。當對方覺得「咦！」「奇怪」或「噓一口氣」的瞬間，就有機可乘了。這是說服對方的最佳機會，也就是事業上的勝機。

能在職場或同事之間獲得人望的人，無論是有意識或無意識，都是深語人們的這種心態，城府深者，是可具體使對方節奏紊亂者。

若能善加應用，時間是很充足的。

——『詩與真實』歌德

欲提高工作效率，則工作順序為不容忽視的重點。時常抱怨「很忙、很忙」，或者「沒有自己時間」等的人，泰半場合是工作順序不佳者。否則就是企圖向周圍人們強調「我是竭盡所能，努力工作者」的發言。

當然，工作是有優先順位。若是關係者數多的工作，和只關係自己一人的工作，則先從關係者多的工作著手。

受委託的和有期限的工作，則先從期限業已逼近的工作下手。

儘管如此，但依舊有人只會按照順序處理堆積在眼前的文件。在這種狀態之下，無論多麼認真、努力工作，終究還是徒勞無功。結果造成周圍人們的焦慮、迷惑。

在休長假之前，可將工作委託他人處理，切勿一味的堆積在桌上，俟銷假歸來才著手處理，結果卻使自己被自己的工作所追逐壓迫，而滿腹牢騷的抱怨「忙得不可開交」。

不知是否成功，先做做看

俚語

不願意撥的電話卻不得不打時，就選擇上午時間打。例如，在工作上發生錯誤，必須向對方道歉時，或者很難纏的客戶委託你幫忙時。

為何選在上午打電話呢?因為一旦拿起電話大聲說，「早安」，自己的心情就會隨之開朗，當然對方的壓迫感，或者自己沉重的心情就會立刻煙消雲散。而你的開朗氣息，當然也會傳給對方，使彼此交談順利無礙。

至於午後的寒暄，是缺乏「早安效果」。「你好」的語詞，猶如推銷訪問一般，會讓對方感覺不受尊敬。因此，無論工作或是人際關係，當場的氣氛是很重要的。

同樣要陪伴對方一段時間，從傍晚到夜晚的時段，比白晝更能促進親密感。酒和音樂，會使人和人之間的界線消弭無跡。即使坦白言語也不會失禮，其親密度會讓以後的工作更加順暢。

因此，即使不知成功與否，但只要妥切的掌握T（時間）、P（場所）、O（場面），實際做做看。

切勿過度（hard）工作，應該明智（smart）工作。

布蘭察德和其他人
——『一分鐘領導力』

隨著五點的下班鈴一響正準備收拾下班時，不意一位同事卻大聲嚷嚷說：「咦!?你要下班了?」其言下之意似乎含有「缺乏工作意願」，或「我忙得不可開交，你卻那麼優閒」的意味。

如果是資深員工說這句話，會讓人感覺下班是不對的。其實坐在辦公桌前的時間愈長，並不表示對工作愈熱心，或者可更提高成果……。

而且，不是意味「即使工作上常犯錯，但只要認真工作就能彌補」，亦非「雖是赤字生產，但已經犧牲私生活，所以這樣就夠了」。認真、用心的工作當然重要，但是，不必要的工作是不需要做的。例如，廣告的草圖，即使畫得多麼詳盡，也無法讓印刷上的成品更好。

工作效率，是要根據無過無不足的工作來判斷。不拖延工作就無法完成工作的行為，正是無能的證據。

色彩會影響人的生理和感情

——『色彩的秘密』　野村順一

人的睡眠深度、起床時的情緒以及身體狀況，會因生活在哪一種房間、睡在哪一種床而異。同理，因職場勞動環境的不同，氣氛和效率也會有所改變。例如，有些公司五點半一到就關掉空調，倘若再加班，豈有效率可言。

倫敦某一工廠，因女性員工請假過度，而引起公司注意。經過調查結果發現，原因在於工廠的藍色光照明。據說，女性員工在藍色光照明之下，看到鏡子裡的自己臉色蒼白，以為自己生病了。

由此可知，辦公室適宜的色調，可促進勞動意欲。在紅、橙、黃等暖色的包圍之下，會使心理產生暖和感。因此，實際上暖房的溫度並不高，卻不感覺寒冷。反之，在藍、綠藍等寒色的包圍之下，即使增高暖房的溫度，也會令人打顫，感覺「很冷」。

以此觀點來看，確實需要對自己的勞動環境提出要求。

先發制人，後發被人制。

『漢書』

對於約定的時間，絕對不可延誤遲到。倘若遲到，勢必難以避免必須向對方低頭道歉，「對不起，我遲到了」。如此一來，就顯現一見面你就必須讓對方一步。「路上交通擁塞……」或「準備出門時，又接到電話……」，再多的解釋都難以消弭對對方心理上的愧疚感。

當自己很忙碌時，總會自以為「這麼忙，稍微遲到也無關緊要」，但這只是你個人的藉口而已。看看對方，為了準時赴約，也曾調整自己的工作時間表。有時公司會遞計畫表給他，要求他出差，這時如果你未準時赴約，導致對方無法搭上預定班機時，該怎麼辦呢?

在十人的會議上，如果你遲到十分鐘，則十人份的十分鐘豈不浪費一百分鐘。這時候，還一副若無其事的態度說：「我遲到十分鐘」，就已經喪失成為事業夥件的資格了。不守時的你，必然喪失信用。

決策可說就是選擇，但以相反觀點來說，則是捨棄。

——『白領階級改造計畫』　堀 紘一

在這社會裡，如果族的人口數頗巨。「如果那時候是進那家公司，一定可以領到一大筆獎金」，「如果我不是加入這個派系，而是加入那個派系，現在的我會更加飛黃騰達」。

假設考上二家以上的公司，必然會選擇現在是優位的公司。至於派系，也會被現在權勢較占優位的那一方所吸引。可是，眼前所見的優位不一定能夠永遠持續。現在被評價為二流三流的公司，突然成長為超績優公司的例子亦非稀數。因此，會對於當時未隸屬哪家公司，或哪一個派系而後悔莫及。

工作上的決策也是如此，比重的大小也以現在狀況作評估。因此，在其階段都有被捨棄的可能性。無擔當、不負責任的官僚或上班族，會避免過於積極參與決策，就是唯恐被追究捨棄的可能性。

小心稱讚你的人

俚諺

有些上司會以冷漠態度對應向他鞠躬，道「早安」的部屬。最初，部屬可能會以為上司在沉思，或身體不適，所以才會冷淡待人。但到了後來，才恍然發覺可能不是，而是上司的性格較晦暗、幽鬱。或者自己和他的意見相左，以致上司不當他是伙伴或自己的部屬。結果就不回禮，只是默默擦身而過，猶如鬧脾氣的孩子一般。

那種性格的上司，偶而對你微笑示好時，就是有事交代你做的時候。「別人無法做到，所以特別交代給你做」之類的奉承話毫不在意的說出，反而讓部屬心理作嘔，感覺無藥可救。

至於在職場受到讚賞時，應該有所警戒，有人會認為儘快脫身逃離為妙。本來只被叫成「○○」，現在卻禮貌的被稱呼「○○君」或「○○先生」，則處境堪憂。由於隱約可見對方的企圖，因此一旦被稱為「○○先生」，反而會傷害自己的自尊心，心裡由衷盼望上司的為人，能夠堂堂正正，具有君子風範。

可曾努力「提昇精神健康」

久保田浩也
——『新的體操』

現代社會是管理社會，但是，管理社會卻給予人們種種壓抑。因此，身為上班族在維持身體健康的同時，也要維持心理健康。

各位不妨稍作停頓，回首過去即知，因精神上的煩惱或打擊，以致不想上班的人，多於因身體不適而感覺工作厭煩的人。

請年假，在請假單上註明「請年假」的理由，卻遭到上司回絕「不受理」，而要求改寫為「請療養假」。對於一向小心翼翼以保身的中間管理職者而言，認為以當然權利請年假的態度是不可原諒。

碰到認為休假是上司賜予之恩惠的上司，會使請假者精神不振。須知，情緒佳、精神愉快，工作才能進展無窒。但現在的職場，依舊頻頻發生令人不快的瑣事。因此，提昇精神健康之策乃為必要之舉。

一切獎牌都有背面

英國諺語

家族公司或個人公司的社長，都會大力倡言「社長是人物力量皆優的人物，唯有適合擔任社長者才可適任」。但實際上，下一任社長泰半是社長的兒子。即使人物力量都不超群，一樣可以穩坐社長寶座。

時時提醒員工「一塊錢也不可浪費」的社長，對於身為副社長的兒子所企畫的活動，時常遭到失敗，甚至造成赤字窘境，卻一點也不在乎，公司經營一旦陷入困境，員工當然要節約；但是若有例外，就無法使大家心服口服，甘願共渡苦難。不會憂慮少，只會憂慮不公平、不平等的員工，再也不信任公司。

可是，環視這社會，似乎都是主張原則而已。換句話說，在甲地、乙地所言會截然不同，而且行為也會有差異。那些人就好像將獎牌的背面和表面分場合而用。

如此行徑，使年輕人大感困惑，不知應該信任什麽，尤其從海外歸國的子女，這種傾向特別強烈。

要求他人保守秘密，必須先要求自己保密。

——『荷波利朵斯』
塞涅卡

一般而言，被交代「這是秘密」，絕對不可傳開；可是秘密往往不脛而走，反而傳得特別快。所以，凡是內幕消息上都會附帶「這是內幕消息」的但書，但後來，總是人盡皆知。

地區社會如此，職場上也是相同。因此，不讓他人知道之事，必須絕口不說。

儘管如此，但喜歡在人後咬耳根、口風不緊愛說話為人之常情。由於如此，故意放出假的秘密情報，而研究該情報是以什麼途徑傳播擴大，也是十分有趣。其間，可發現無法從表面看到的人脈實態。

利用該方式確認消息走漏的路徑，然後運用該路線傳播自己真正想放出的情報。只是交代對方「這是秘密」，自然會展開為自己所企圖的狀況。

但相反的，想獲得信賴而受他人委託處理重要事物時，口風緊密即為必要條件。無論多麼重要的企畫小組，倘若彼此放棄「共謀者」的意識，則事必難成。

即使非常厭煩，仍有成堆必須做的事。

青柳友子

——『你不了解的你的房間』

清晨起床感覺頭痛欲裂，還是要忍耐痛苦出席重要的會議。身體不適，略有發燒，但為了接待重要客戶，無論十八洞的高爾夫球，或者夜晚的應酬，依舊必須熱烈出席。

家中有一位無法自己處理事務之老人的家庭主婦，當然一切工作是以照顧老人為優先。

人生在世，不如意之事不勝枚舉。人是無法只做自己喜愛的事，即可生活的。同時，在不喜歡或厭煩的工作之中，或許存在你在感情上不想做或厭煩為理由的工作。有的是因不是很清楚了解工作內容，或者他人不負責任地說：「這項工作很棘手」等的責任，一一輸入你的腦海裡所造成的。

可是，從年輕時期就有好惡的選擇，或偏見，豈能學習到新知識或工作？

將機密文件，遺忘在影印機內。

亞瑟布羅可
『馬鈴薯法則』

以為隔牆無耳，於是開始大肆批評經理，豈知經理卻在屛風的那一邊。或者以為廁所是極隱密的場所，於是肆無忌憚地在那裡和同事一起批評上司，可是不願讓某人聽到這個話題的人物，卻適時地走入廁所。

因業務拜訪對方公司時，切忌在電梯內批評「○○課長好像沒什麼實力」。明知電梯內除了自己之外還有他人，心想其中絕無○○課長，豈知○○課長恰巧在那一座電梯內。

極緊張、注意的行動，有時在完全放鬆的一刻會擺脫戒心，例如，正在影印的你，突然聽到同事叫你「電話」，於是匆忙拿著從影印機影印出來的資料，然而卻將原文件遺忘在影印機內。

其後，熱衷於說電話的你，完全忘了文件仍然放在影印機內的事。如此一來，秘字的機密文件內容自然不脛而走。

欲成大事首務勤勞，不怠忽小事。

——江戶末期的篤農家 二宮尊德

被交代「寫一〇〇張稿件」。會讓人心灰意冷的覺得「哇！我沒辦法寫那麼多？」但是，一天寫一張，一〇〇天就能完成了。一旦看到眼前自己完成的一〇〇張稿件，就會信心倍增，頻頻告訴自己「我確實能寫這麼多」。由於如此，接著一天就能完成二張稿件。

俗謂「繼續是力量」，確實，能將工作一件件的完成累積，終有一日必然飛躍騰達。進而可清楚目睹過去所未見，以及察覺前所未覺的。所謂開眼、開悟的境地，就是這種腳踏實地一直延續下去的延長線上。

腳踏實地從事一件工作時的成果，在1＋1的加算當中，並無驚人之處。但是鄙視持續力量者，似乎皆以該水準去做事而已。可是，以腳踏實地完成的成果成為乘數，又成為乘方（累乘）的計算，最後即可展開為大事業。例如2＋2、2＋3成為2×2、2×3，然後又變為2×2×2。

全體是為個人而存在
個人是為全體而存在

亞歷山大・小仲馬
——『三劍客』

在於讓人深感「言之有理」的名言之中，不乏其所表現的意念和現實距離頗大之例。這也是無足為奇，理由在於那些名言只在陳述「渴望如此」的理想和期待而已。

本節開頭的詞句，是國家或公司在「為了全體」的冠冕堂皇名義之下，想犧牲個人；或者個人「為了個人權利」，擅意利用全體的現實之下，才會成立的兩句話。

若改為「公司是為了員工、員工是為了公司而存在」的表現法，則這些名言依舊無法脫離宣傳文案的領域。

當然，沒有人會反對這種說詞。其中不乏有人認為，能夠的話就這麼做。但是，這只不過成為一種目標而已。

不過，即使無法實現，只是作為口號也是深具意義。理由在於具有阻止個人任意行事的效果。

所謂不平，就是無理由地誹謗被賦予的。

狄奧佛拉斯塔
——『人各有樣』

有人被交代「寫信函」時，會反駁說「為何不用電話？」，有時則會反問「為何不用FAX？」

當然，利用電話聯絡即可完成工作的，可充分利用電話，亦可利用FAX。可是，有時利用信函聯絡對方會更確實又具效果。例如，無論何時都無法以電話聯絡到對方，無法保持聯絡的場合。儘管時常以電話聯絡對方，然而卻只能向上司報告「尚未聯絡到人」。此際，即須發函與對方取得連繫。翌日，信函必然到達對方手上。

當然，利用FAX也很實際；但是，FAX會讓第三者偷窺其內容的可能性極高。不能讓他人知道的內容，不宜使用FAX送達。電話答錄機的情形也是雷同。

首先書寫信函，告知對方這裡的立場和工作目的，然後再利用電話商量的方法，比僅僅利用電話聯絡更具效果。溝通的手段，應該是重疊性的應用。切勿誹謗書寫信函，這個方法太落伍。

正義者憎恨行止不正者　惡者憎恨舉止正者

『聖經』

「這張支出傳票所記載的內容和收據不全，所以我無法認可」，會計負責者毫無忌憚地糾彈行事不正者。但是，遭到指責的那一方，卻大言不慚地反駁：「像你這樣默守成規的做事方法，是無法讓工作順利推展的，這筆錢是用在公司上，而不是用在我身上」。

立場、思考方法或行動模式一旦不同，彼此間所認同的正義就有所差距，正義的範圍也會有所出入。接著，就會引起對立。因此，切勿堅持「我的主張是正確的，不應該被憎恨」。因為唯有其人認為「正義」，才會遭到憎恨，而這也正是社會、公司、工作上的狀況。

「好心沒好報」如此抱怨者的心態是可以理解的；但是，無論是戰爭，抑是宗教上的對立，既是「正義者」，又是「惡者」。若未深入了解這一點，則行事將難以順利進行。

我的持論是
前往他公司不可不與社長謀面

柴田和子
——『堂堂正正的推銷』

想成就大事業，就必須和擁有最大決定權者交涉。倘若僅以「那部分已在我的權限之外」的人為對象，則終究徒費時間而已。

以此意味來看，則以董事長為對象最理想，但在普通情況之下，董事長是不會理會年輕的業務員。因此實際上的工作方法，不僅必須和直接負責者交涉，而且必須儘量和更高位的董監職者交涉。

一般而言，談話內容在轉呈之際層別愈多的，愈容易導致和自己意圖不同的形態傳達到最上方。以此角度來看，儘量和接近具有決定權的人接觸為最理想。

但是，同樣是課長的地位，有的擁有權限，有的卻毫無權力可言。有時會出現比董事長權限更高的顧問或總經理的情形；因此，有時僅僅依據其地位來決定對象也會導致失敗。總而言之，深諳對方公司的內部狀況，為推銷上的要訣。

上午的一小時，具有傍晚二小時的價值。

在引進彈性上班制度之初，多數人都希望晚一點上班。但不久後，選擇早班的人有逐日增加的傾向。理由是在於上班電車的空位多，工作結束後可從事自己想做的活動。例如，可欣賞電影、音樂會，或者到語文學校進修、運動俱樂部鍛鍊體魄。

可是，選擇晚班，勢必要較晚下班，下班後剩餘的時間已經很難有效應用。充其量只能利用於喝一杯或者晚起而已。最後才恍然發覺只是漫然地過日子而已。

至於公司的工作，還是上午的效率較高，或許各位亦曾體驗一日的三分之二工作，皆在中午之前完成。同時，可感受到最近入夜後的洽商減少，白天的聚會或應酬則有增加傾向。何況白天喝酒比較容易醉，中午僅僅小飲一、二瓶啤酒，結果，午後便無法集中精神工作。

誠如上述，因種種理由將生活轉換為上午型的人逐日增加。該結構的傾向是值得喝采的。

不知什麼理由，讓人心情愈來愈惡劣。

比留間久夫
——『Yes Yes Yes』

似乎每日都不曾做什麼特別有意義的事，但歲月毫不佇足，過得非常快。正熱衷於計畫暑假活動，然而一轉眼聖誕節又即將來臨。過完新年才不久，突然發現綠意盎然的四月已經來訪。以為剛剛就職進公司，豈知一晃眼已是五年的上班族，或者一覺醒來，恍然發現明年已經年屆三十芳齡的女性是大有人在。

自信自己世事看得很開，認為人生本來就是隨著時間的流逝而逝去，這種想法並無可議之處。可是，二十多歲的年輕人想達到這種境地，可能言之過早。因此，才會反省「我可以繼續這樣走過我的人生嗎？」「每日這樣生活是否正確呢？」有時甚至會心感不安，認為「如果自己不再振作，生活可能會每況愈下」。

了解這種想法是對人生的「焦慮感」，但確實會讓人忐忑不安。如此不安定的心情，會使心靈更加焦躁，猶如雪上加霜一般。

有時，人生會以這種預感為原因，最後真的變成無所事事。因此，好好把握現在，確實建立生活能力。從事自己熱衷的工作。

第四章

人際關係

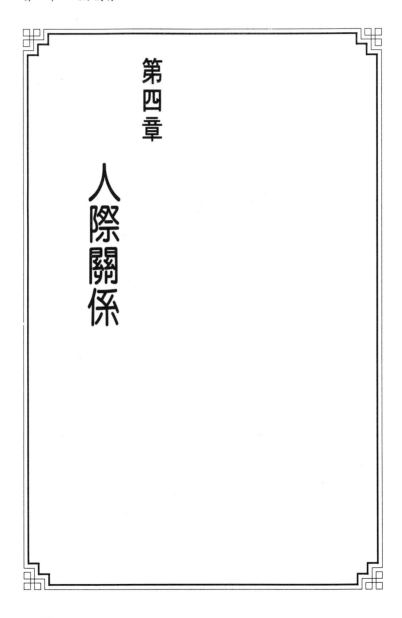

最優秀的說服方法之一，是博得對方的喜愛。

——賈尼爾『外交談判法』

判斷包括自己在內的人類感情基準，是因對象而異，例如一張CD或一本文庫書籍，有人喜歡借人，與人分享；但有人卻愛不釋手，絕對不出借給他人。同樣的，未依照約定時間赴約時，有人只要見面就能釋懷，快樂地和對方相聚；但有人卻會不耐地指責對方「為什麼每一次都遲到」。更有人在約定時間過後，根本不理睬已在路上的對方而拂袖而去。

交涉事情，或者爭執的仲裁結果，是因調停者而異。由備受信賴、歡迎的人發言，即使對方不是百分之百的認同，也會回答「既然你已出面」，而加以接受的機率極高，在這社會上，不乏「既然某人已經這麼說」而化解紛爭之例。

感情或論理，常因場面的不同而有所改變。但是，能夠善意待人，對方必然以善意的感情、善意的論理來對應。能否博得對方的喜愛，當然結果就有差別。

不要命、不要名，不要官位、金錢的人，最難對應。

西鄉隆盛
——明治維新的功臣

無論是閨閥、學閥、抑是財閥，所追逐謀求的無非是名利、地位、金錢。反言之，人人無不為了追求名利、地位、金錢而籌組徒黨、組織集團。如此一來，各自站在自己的立場，各人以接受其分的代價，而對集團產生忠誠心。

多數的上班族，也是為了追求地位或名利而在公司內建立派系，可是，對於能力超群，卻不愛慕地位、名譽、金錢的人，是不容易對應的對象。如同無法在馬前垂吊紅蘿蔔一般，在其人之前無任何事物足以引誘他。

該情景正顯示第三者無法任意支配其人的意味，既不接受關說，也不背負人情者，對於想操縱他的人而言，不啻是肉中刺、眼中釘。

可是，西鄉隆盛又提到「欠缺如此難以對應的人，就無法共艱難、成就國家大業」。

須注意生氣卻會微笑的人

歐洲諺語

俗謂「江戶人如五月的鯉魚旗」（意味東京人言詞不客氣，但內心爽直）。飄揚在薰風習習的五月蒼穹的鯉魚旗的腹部裡，未隱藏任何物品的意義。倘若其後再接「有嘴無腸」，則意味「只是嘴上較無口德，但絕無惡意」，其間充分表現江戶人直腸子的個性。

由此即知，口惡者的性格泰半較為直爽。由於並無惡意，亦無計謀、企圖，因此，想到什麼便脫口而出。看起來似乎較不穩重，但堪稱可愛之人。

不過，也有人時時保持可人的微笑，卻不知其內心裡真正想的是什麼？猶如自背後笑著殺人，依舊能夠展露微笑的狀態，不啻是笑裡藏刀、居心叵測者，絕對不能對他以心相許。

年輕人時常落入這些人的圈套之中。對於笑裡藏刀的企圖產生鈍感，主要是人生經驗不足使然；但是，智慧也是由失敗累積而成。

媒婆說，婆婆快死了，別擔心

川柳（詼諧、諷刺短詩）

和知心好友共處時，不會心存戒惕。能夠自由、闊達的談話、行動，主要是對其場合的人完全不必存有戒心，或者不安的情緒。換言之，能讓人們獲得極大安心感的場合，人們就會完全卸下武裝，展露自己的真面目，言行自然無束。

在性行為的喜悅上，存在著「人格崩壞」的一面；可是，能在對方面前裸裎以待，完全是對方及其場合上具有安心感使然，倘若彼此裸裎相待，享受敦倫歡樂之際，突然發現婆婆在窺視夫妻寢室時就難以安心，當然再也無法融入其中了。無法行使性行為，就是缺乏安心感所造成的。

有人認為，只有現在的女性才會提出不和公婆同居的結婚條件，其實不然。如同江戶川柳之語，媒婆向女方保證：「公婆很快就會辭世，不久後你們小倆口就能快樂的擁有自己的天地，這一條結婚條件是不是最好的？」

明知對方撒謊，還是喜歡被讚美。

——『紐約戀情』 蕭艾文

任何人受到讚美時，當然會心情愉悅，內心雀喜不已。既然如此，我們應該付諸實行。例如「你的新眼鏡真適合你」、「你的服飾審美觀極佳」、「和你共處，讓我感覺很踏實」、「你我的年齡相差無幾，可是你的作為足以作為我的風範」。

總而言之，想成就良好的人際關係，首要之處在於發現，讚美對方的優點，人一旦受到讚美，心情自然愉悅，又有自信。結果可發揮潛力，進而影響周圍。因此，讚美對方，結果自己的心情也受到波及，隨之歡樂。

有人心情不暢快時，會找一些朋友來玩「讚美遊戲」。雖然只是遊戲，但是在彼此褒揚讚美之中，心情就會逐漸開朗。

這正顯示人是很渴望受到自己以外的人的注目。

『大鏡』

不傾吐心事，會產生腹漲感。

上班族的男、女，是無法自行選擇上司；因此，上司若是話不投機的對象，每日的心情必然鬱鬱寡歡。淸晨起床，一想到今天又要面對那個臉孔，不由自主地胃又開始隱隱作痛。不是講求如何推展工作，而是一味表現自己是多麼熱衷於工作的中間管理職者，仍然很多。

例如，公然地向大家宣布「午休或下班鈴響時，切勿立即離席。即使想離席，要儘量避免過於醒目」。或者雖是負責宣傳或企劃的部門，然而卻交代部屬「不要在你們的座位上看報」，以表示他只是介意周圍的眼光。在他認為，在公司看報就是偷懶的象徵；然而不閱覽報章雜誌，豈可負責與資訊有關的工作？

一事為萬事，但身為屬下者是無法逐一反抗上司的。如此般的想表示自己的意見，也不敢貿然顯露的每一日生活，會逐漸腐蝕人心。充其量只能在下班後，在酒舖互吐牢騷而已。

分析「戀」字，就是「言糸糸之心」。

都都逸（日本俗曲）

據悉，所謂「働」是意味「使旁人快樂」。確實，因自己的工作會使周圍人們的生活更加快樂、豐裕，是不容置疑的事實。

所謂「儲」，有「獲得信者」之說。亦即，將「信」和「者」合一的文字為「儲」字。該解釋法亦有其理。

「預想」，是最初便公開提到不正確，因此即使未猜中也不會遭受抱怨。亦即，倒著讀「預想」，即為「誑言」之意。其實必須從橫、縱、斜、下等四方八方來檢討預想，因此只是將「預想」由上方看下來，而認為應該預測正確的解釋法，本來就不恰當。

例如「學」，為「仿效」之意；因此，所謂學問是意味模仿人。無論任何一種獨創，都是根據先人的業績方可獲致。

至於「戀」字，是由「言糸糸之心」所形成。

山林存自由

國木田獨步
──『獨步吟』

都會的生活令人心感疲憊，或者追隨回歸自然的時代風潮，而從都會移居鄉間的例子，不絕於耳。

可是，那些移居者很難融入於鄉間生活。無論其表面如何，和自古世世代代就居住在該地的百姓之間，存在著一條無法超越的鴻溝。來自都會的移居者，指稱鴻溝是因鄉村的閉鎖性、後進性、非合理性等所造成的。不過，這只是一面之詞。

鄉村，有其鄉村的歷史和文化。在一個鄉村中，彼此之間很清楚○○家是怎樣的家庭，其中△△人是怎樣的人，他們之間無不互通氣息。如此的世界裡，要求他們立刻信任來路不明，心態不清的闖入者，似乎不太合乎情理。甚至對於三代前、四代前便移居至此的外地人，鄉村裡還會指著他們說：「那些人是中途來的外地人。」鄉村共同體，並非都會人所想像的能善意對待自己。

因此，「山林存自由」和「山村存自由」的意義是截然不同。

心暗，則所遇盡是禍。眼明，則途中所遇皆是寶。

——弘法大師『性靈集』

這句話是意味「心暗，則眼見、耳聞盡是負面。但心境開明，則路端所見皆是寶物」。

人在同一對象之前，對其感受不一定相同。眺望同樣的景緻，有人會說群鳥飛翔而過，有人則說不見鳥兒飛過等。車禍目擊者的證言，也是因人而異。有人會覺得連綿不斷的梅雨令人鬱悶，但有人卻覺得「如此一來，今夏就不會缺水了」。耳聞山上下雪的消息，有人會興高采烈地說：「去滑雪」，但有人卻臉色凝重地說：「家鄉的父母會過得更辛苦。」

換言之，個人對事物的所見、所聞，會因了解其人過去所背負的，或者其人的心態而異。由此可知，存在著和自己立場不同的人們。能否了解這一番道理，關懷他人之心就會產生很大差異。

君子之交淡如水

『莊子』

人和人之間能夠融洽相處的要訣，在於交往淡泊。例如，「切忌提起對方最重視的事物」。

所謂「最重視的」，是指其人心底所秘藏的，或者因無法決定對策而深感苦惱之事。因此對於那些問題，他人絕對不可妄想加以干預。

儘管如此，依舊有人好於干預他人之事。以某角度來看，善意的干預或無責任的好奇心，可說是人們為了持續生存的熱能源，但同時也是禍源。身為人的我們，本來就必須自己一人背負真正重要的事物，是他人不可干預、商討的。

既然如此，彼此之間為了預防受到他人的干預或強烈好奇心的虜獲，在事前設定預防線，或事先擬定協定，也是促進人際關係的一種智慧。

能有如此作為，即可稱為君子。

以自己說話的二倍，去聆聽他人說話。

德摩斯迪尼
——古希臘的政治家

能博得他人喜愛者，並非熱衷於發表自己言論者，法國思想家、科學家的帕斯卡曾言，「欲獲得他人佳評，首要在於避免盡說自己的長處」。人們在交談之際，會在不知不覺中主張自己的正當性或炫耀自己，結果遭致對方敬而遠之的對待法。關於這一點，只需聆聽厚臉皮的中年女性談話，即可證實無疑。

人有一片舌頭和二個耳朵，因此，聽他人言語兩倍於自己所說的，是古希臘政治家德摩斯迪尼的論據。聆聽他人言論所獲得的知識，確實多於由自己所說的。

由他人說話，不僅自己可學得他人的知識和體驗，同時可獲得對方的信賴。理由在於人皆亟欲對方能了解自己的立場和見解。

人生感意氣，功名誰不論。

——『唐詩選』　魏徵

俗謂「人老閱歷多」，此乃意味經驗確實寶貴，人的年紀愈長，經驗愈豐富。可是，年紀愈大所得的是平衡感覺，或某種精打細算法。事實上，並非如此即可產生嶄新的世界。

當然，不知精打細算或平衡感覺的人是很難自處的；但是，人生的意義唯有突破該境地，方可獲致。若未感受到超越精打細算或平衡感覺的某種感動，就絕對無法恍然大悟，開闊視界，同時無法實感「可貴的生命」。

在人生上，出現感意氣的人，可比擬為奔往外太空之火箭之點火。如此一來，方可獲得朝向未來的強力推進力。在該心境之下，會感覺名、財富、功名心等一切都微渺不足道。

所謂感意氣，意指魂可飛翔。感意氣，是共有飛翔靈魂者也能互相結合。無論飛至荒野，或救濟人類、地球都是值得讚許。

無法回答時，可再反問。

鳥井架南子
——『月靈的囁語』

有時突然遭到對方的質問，會在一時之間無法做完善的整理。有時是遭到對方的質問，卻不想回答真實。可是，那時只以「嗯……」話說不出口或忸怩之態，只會造成阻礙順利談話，或者使當場的氣氛變得很沉悶。

情急之下，愈找不出適當的回答。臉龐一陣陣的赤紅，再也找不到對談的話題。一旦感覺對方可能會認為「這個人說話怎麼會結結巴巴？」眼前就變成一片暗淡。

如此的「失敗」原因，在於自己錯覺為「不回答一切質問是不行的」想法而來。因此，在那時可反問對方「關於這問題，你有何高見呢？」亦即，以同問題反問對方即可。

能否了解這種訣竅，將可左右他人對你的評價。因此，不知將會蒙受大損失。

「理髮一番」的標語

首先微笑，然後展現活力、出聲，但頭要低下

為了建立、順利運用人際關係，首先必須放下身段。以此角度來看，權威主義是最容易破壞人際關係。是自傲？高高在上？抑是自以為了不起？權威主義者極少主動由自己本身去接觸他人。泰半是等待對方來接近他，才對應對方的傲慢態度，使人不得不敬而遠之。

因此，應該由自己積極接近對方。進而摒除存在於人和人之間的心理性障礙物。其首要訣竅為「先展露微笑」。由於以微笑接近對方，對方才會鬆懈警戒心。反之，以怒目待人，他人必然心存介意，逃之夭夭。

接著展現活潑、快活，以清楚的語音對答，謙虛接觸對方，頭放低的姿態，相信大家都會滿懷好感的歡迎你。這不是嘴上說說道理而已，能付諸實行，必可獲得成果。

※「理髮一番」是東京的一家理髮店。

在人世間生活，意味在人世間遊樂。

——『馬馬虎虎較有趣』 森 毅

人為了生活，必須工作。更具體的說，必須賺錢。但是，這只是生活的手段，而非目的。沒有金錢就無法生活，但人並非賺錢的機械。人會忙碌地工作，完全是對生活缺乏安心感所造成的，而非忙碌的工作為人生的目的。

可是，遊樂是無任何目的的行為。因此，和生產無直接關係，結果容易遭到蔑視的眼光。以對工作擁有價值者而言，就會變成不努力、不認真、不知檢點的人。

當然，那也是一種立場，他們的主張並非錯誤。殊不知，默守成規的想法或生活方式，會造成窒息感（生活苦悶）。

本來，人生就不能一直線地走下去。在宇宙空間漂游之際，會不知不覺消失的一生較有人生價值。至少我喜歡以了解這一番道理的人為友。

如果時常為乖順又不失勇氣的小孩，最後必然成為偉大的人物。

『世界故事』

故事或寓言，無不強調正直、誠實、勇氣、努力或體貼之心是如何的重要。

但在現實的世界裡，有時會因正直而遭到誑騙，有時，則因採取勇氣的行動而遭到懷恨。同時，不一定努力即可達成目的，有時親切心和溫暖的人情，反而遭到暴力的壓迫。

因此，將故事或寓言等視為夢幻故事，也是不足為奇的。「不能陽奉陰違」這句話會成為教訓，正顯示有人的態度或行動是因人前、人後而異，不過這正是現實社會的一面。由於如此，才會讓人感覺社會並非單純、潔淨的。

不過，不將問題視為個案，而以長期間來看，故事和寓言之中的真實，確實能成真。此乃五十多歲、六十多歲的人生收穫期，才能體會、了解的道理。

交談即可了解

——政治家 犬養 毅

為了解決重要的問題，人和人的直接會面乃為必要。

現代人是人人都很忙碌的時代，因此凡是有事就以電話聯絡，可是有時只以「電話」是無法說清楚。換言之，問題太複雜，必須直接會面交談。

直接見面交談的溝通，並非僅僅依靠說話的聲音，尚有臉色、表情等，產生微妙的肢體語言。如此一來，才能理解對方的真意，同時也能傳達自己的真意。

本來，人是很容易以標籤互相判斷對方，或者以先入為主觀，甚至誤解之下來判斷對方的例子，也屢見不鮮。但是，直接見面交談之後，才會發現以為對方是「不可理喻」，「不明道理」的想法，完全只是自己的誤解。

在一九三二年五・一五事件上，遭到暗殺的犬養毅總理向青年軍官強調「交談即知」，但青年軍官們卻以「問答無用」而開槍狙擊他。

一個噴嚏被罵，二個被讚美，三個被笑，四個會感冒。

俗言

打噴嚏是一種生理現象，所以即使在人前也很難克制。可是，與其在結束後才說「失禮」或「抱歉」，不如擁有本節開頭的知識，才能讓其後的會話更加順利。

如果巧妙地將話題轉為「咦！是否有人在罵我？」「哦！很稀奇，居然有人在讚美我」等等，會讓當場的氣氛變得很自然。

當然，生理現象是很不可思議，絕不會感覺自己的口水或鼻涕很骯髒，但對方他人的就會急著遠離，眼不見為淨。即使打噴嚏的那個人，立刻用手帕摀住鼻子、嘴巴，一樣會讓人產生污穢的感覺。或許會讓人覺得，這個人以後可能還是用那一條手帕擦手。何況來不及用手帕摀住噴嚏時，反而會讓手掌、手指頭濺到口水，如此一來，豈不更髒。

那時候能轉變話題說，「三個噴嚏正表示有人在竊笑我」，對方的關心事自然從生理現象脫離。

如果是忠告，為何必須在人前指正？

——二葉亭四迷『浮雲』

無論關係多麼親密，如果想要求對方，或忠告對方時，必須充分考慮場合。最重要的是，避免傷害對方的自尊心和面子。因此想批判、警告對方時，先請對方到無人之處，才是大原則。

即使警告者認為問題很小，但在衆人面前警告他人，會使對方起反感，認為「我很樂意接受忠告，但是，為何要在衆人之前讓我丟臉？」此後會以此為戒，而懷恨向他提出忠告者。

你自己低首想想，在他人面前受到警告時的感受，即可了解這種心境。

『浮雲』中尚有一句，「若是忠告尚且喜歡聆聽，但你的所言並非忠告，而是侮辱」。為何不是忠告，而是侮辱？只因是在人前所做的忠告。無論其動機多麼純粹、善意，只要方法不當，就會遭致對方的懷恨。

有數億人生存著，但臉孔比人數還多。

——『馬爾特的手記』　**里爾克**

人的臉孔只有一個，但在這同時，人類是擁有數個臉孔的動物。在獨裁社長之前言聽計從的高級幹部，對女秘書就不是很溫柔、體貼。如果他表現得很溫柔，或許是含有另一種意義的另一種臉孔所造成的。同時，那位女秘書雖能迅速處理上司交代之事，但不一定能將自宅的房屋整理得几明窗淨。

逮到殺人事件或誘拐事件的兇犯時，常可聽到有人說「很難相信那個人會這麼殘暴」，或者「我以為他是一位熱心教育的人」等話語。

誠如上述，我們很難將犯人的日常生活和犯人所犯的罪行相結合，這也是人擁有多樣臉孔所引起的混亂。

對人惡言時，往往會說：「某某人具有雙重人格。」其實，這句話可適用於分別使用不同臉孔生活的一切人類。儘管如此，仍有程度之差。

總而言之，程度之差才是最重要。

諺語

雨後，地反而更堅硬
（表面上是壞事，其實是好事）

有些人出生、成長於大都會，終其一生未曾用過腳底踩在泥土上而長大成人。也有人認為，所謂道路就是舖設瀝青的路。確實，道路是被舖裝過，但是並非所有道路都被舖裝過。

還未舖裝的道路在溶雪的季節，或下雨時會顯得泥濘不堪。有時泥巴過多，雙腳就會陷入而無法自拔。但是，下雪的季節結束，或者雨歇放晴之後，會感覺腳底踩在路面上比以前更加穩當。春末初夏之際，這種感受特別深刻。

本節開頭的諺語，就是以此自然現象為背景，比喻「即使發生事變，但比以前更加穩固基礎」。

在人際關係上，常可耳聞互相爭吵鬥毆的雙方，最後卻結為親家的體驗。因此，不做自我主張，但求平安無事的人生未免太平乏空洞。在人際關係上，也要求取利用腳底確認不同感觸的喜悅。

自大企業至中小企業，確實可找出許多無能的上司。

山田智彥

——「提高『自我價值』的人類學」

企業，是一種命令系統。因此，必須遵從地位高於自己者的命令。可是，其命令是否妥切則是另當別論。此外，下命令者是否比接受命令者更優秀呢？這也是問題之一。但多半的場合裡，人們對於如此明瞭的道理卻是混淆不清。往往自以為「我是發號司令者，是精英份子」，「我是下命令者，所以比較優秀」，或者以態度表示，顯現自己高高在上，技蓋群雄。

工作能幹，或人格深具魅力等理由，自然受人尊敬；但是，僅僅以課長或經理的地位為理由，要求「被尊敬」的說詞，不覺讓人噴飯。

當然，是可遵從組織上的命令系統，但只限於其約定事項的範圍內。有些無能的上司，連這一小小的道理也不了解。不曾受到任何人的尊敬，但依舊洋洋得意，自以為是。企業內士氣萎靡，完全是這些人所造成的。

最可貴的是，受到岳父讚美的女婿，或博得婆婆歡心的媳婦

——『枕草子』清少納言

近年來，新年不吃雜煮（燴年糕，相當於中國的年夜菜）的人有逐年增加的傾向。但一般而言，大家在新年還是會吃雜煮，只是所用的年糕是烤過的？還是不烤就煮的？只是這麼一個小問題，就因地方、家庭的關係，而使風俗迴異。亦即，我們認為是一般常識，但事實上絕非絕對之事。在日常感覺上，凡是對於和自己常識不同的就認為那是錯的。接著甚至下定結論說，還犯這種錯誤，未免太無知了。

由於婚姻圈的逐漸擴大，使夫妻或父母之間的「非常識」行為愈來愈醒目。這也可能會發展成為感情對立。

世代（年齡）的差距，代溝會成為常識不同的原因。年老者會老生常談地指責年輕人，「連這種常識也不懂」，但他們不曾考慮到年老者和年輕人所學的常識或知識有很大差距。同樣地，年輕人也是如此。

於是，岳父和女婿、婆婆和媳婦等血緣完全無關的人，在任何時代都是很難和平相處。

第五章

金　錢

¥

貧窮不可恥，但亦非名譽。

猶太諺語

時常可見上班族或苦力勞動者，在小酒舖淺酌論杯計價之酒的情景。他們心情似乎十分滿足、愉快；但坦白說，是零用錢所剩無幾了。因此，他們本身也不會感覺在小酒舖淺酌一、二杯是很奢侈之事。

然而一些富有者也認為，「能在那種地方喝酒，才是最高享受」。這些人只要想去那裡就能成行，可是他們還是堅持著「純粹品酒，還是小酒舖最理想」。以另一個角度來看，可說並非高級之處，但本人卻很窩心地享受論杯計價的酒。

當然，身無分文的人不少，其實應該有些錢財攢在身邊才對。貧窮絕非可恥之事。但是，有時會因貧窮使人臉龐喪失光采。如果有錢，就不必那麼客氣，也不必有所顧慮，對任何事都能深具自信的加以選擇。

在富裕的社會裡，當然不能以貧窮為傲，但簡樸的生活是值得歡迎的。總而言之，還是擁有財富為佳。

在人生上，任何事皆不宜勉強。

中村真一郎
——『夜半樂』

如果儲蓄計畫過於勉強，很容易在中途遭到挫折。一日使用五〇〇圓生活，剩餘的全部儲存的計畫，只是紙上談兵而已，在現實上會因欲求不滿，而備感頓挫。情形有如極度減少食物減肥的景象雷同。不出數日，必然禁不住誘惑，大快朵頤一番。

一般而言，想順利營運計畫，必須摒除三項「條件」。亦即浪費、勉強、雜亂。若未摒除浪費、勉強、雜亂的習性就想執行儲蓄計畫，豈能成功？牽強的計畫也是不對，未改善日常性的浪費也是不行。以濾盆勺水，水當然會從濾盆的空隙流逝。

計畫過於雜亂無章，終究難以持之以恆。事情順利尚可，可是一旦陷入低迷狀態，就會更加混亂。一旦混亂，就難以東山再起。以此來看，人生原本就要具備耐性。而且感覺一味的忍耐會索然無趣時，也不宜過於自由放蕩。

由此可知，人生並非事事稱心如意。

絕無失誤者，
表示凡事都不做的人。

——『約翰克里斯多夫』羅曼・羅蘭

「某某人不會失敗過」，其實這句話內含諷刺之意。言外之意是「某某人不去挑戰任何事，所以才沒有失敗」。

買股票遭到失敗，是因為他買了股票；因不動產而虧錢，是投資不動產的結果，此乃明明白白之事。因此不出手購買股票、不動產的人，絕對不會發生運用錯誤的窘境。由於如此，亦無失敗可言。

可是，如果以定期存款儲蓄金錢，幾乎不會有增值。尤其利息降低時，更令人心煩。風險是比較小，但金錢無法增值也是不爭的事實。

不做生意或賭博，就不會失敗。可是，不做任何事就不可能有成功之事。因此，人生會顯得黯淡無彩。

我並非主張各位必須購買股票或賭博，但在人生中，或許會遭遇高風險，這時候就必須加以克服。關於這一點，各位必須牢記在心。

我是商人，賺錢是我的工作。

——實業家　**大倉喜八郎**

老鷹正虎視眈眈想奪取無食物果腹，身體羸弱的幼兒生命。若不搶快一步搭救，幼兒的性命就堪虞。但是，在那種場合之下，攝影師還是要先按快門。此乃職業攝影師的宿命。

商人亦同，只要有賺錢的機會，任何工作都會插上一手。因自己銷售的商品，導致人類互相攻訐殘殺，對他而言，並非首要之事。

大倉喜八郎在討幕派和幕府軍之戰的戊辰戰爭以後，成為軍御用商人的實業家。他著手創立大倉組，從事輸出入業、土木鑛山業，確立大倉財閥的基礎而名聞遐邇。

本節開頭的語詞，是喜八郎被逮捕到據守於上野山的彰義隊之前，被衆人指責銷售槍械給官軍所回答的一句話。

喜八郎不愧是一位深具膽識的商人，不僅如此，那時候的他，也同時向彰義隊販賣槍械，而獲得利潤。他的這種商才，確實令人佩服。

債權者，比債務者的記憶強。

——『貧窮的理查之曆』 富蘭克林

「我沒零錢，你先付吧！」這是在咖啡店喝完咖啡後，準備付賬時其中一人的說詞。「哦！沒問題」支付二人份費用者，以為以後對方會還錢。因為這是極為當然之事。但經過數日，絲毫察覺不出對方有還錢的意願。其後，又一起在咖啡店喝咖啡時，也不會說：「前一次是你付賬，這一次由我來付。」而看著賬單，伸手向你討錢說：「各付四〇〇圓。」

可能大家都有類似的體驗。借給別人的錢和向別人借的錢，同樣都是錢，但是占領心的場所卻不同。

以「現在沒有零錢」這句話向人借錢而不還的情形是常習，對這種人應該不客氣地回答，「沒關係，你就拿大鈔，連我的份也一起付」。

如此一來，你就不會成為很不痛快的「被害者」。

以中國字書寫「售屋」的第三代（富者傳至第三代也會窮得變賣家產）

乍看之下，社會似乎很不公平，其實是相當公平的。因為幾乎看不到連續三代都很富裕興旺的家庭。使用富有中國風教養的中國字書寫「售屋」，是表示事情發生於日本有教養者深語中國文化的時代。以現代風來說，就變成「以英文書寫 far sale 的第三代」。

總之，自己沒有能力賺錢，生產力空洞化的第三代，所能做的就是變賣家產而已。由於如此，一個周期便告終了。

在人的能力上，似乎有所差異；但綜合起來，其差異就不大了。深語牟利之道者，對子女的管教或教育會比較放縱，所以傳到子女的時代，失敗的可能性就比較多。這可由許多事實加以證明。

現在的財富分布，早晚會有所改變，因此二十多歲的現在，即使沒什麼財富也不必感嘆，怨天尤人。例如，第三代賣出的宅第，往往是過去身為佣人者所購買。

戀愛比財富或財產強，
可是，戀愛尚須憑恃這些力量。

——『馬嫩雷斯庫』 普列佛

「為了使這一次的戀愛成功，願意拋捨一切」。戀人的心情就是這樣。金錢、財產、地位都可以不要，一意只想戀愛成功。

如此追求的戀愛果真成功時，是否一切皆能順利進展？其實不然。由於如此，才會讓人備感困惑。因熱戀而結褵的二人，結果卻成為成田離婚或關空離婚的事實，前文已有陳述。

以為最初的結婚並非出自真實的愛而離婚，其後發現真實的愛而再婚，結果依舊步上離異之途。

當然，理由是無奇不有。但是，其中之一是經濟問題。欠缺生活力的人也會戀愛，只是容易陷入三餐不繼的困境。亦即，戀愛和生活是迥然不同的。

不了解人生的人，會頻頻犯下這種錯誤。除非擁有搖錢樹，否則不可將戀愛和戀愛生活、結婚和結婚生活混為一談。

很有趣，時間貧乏者往往是富者。

——『不可思議的旅行』　水木繁

無論做任何事，皆須具有時間、金錢和體力。一般而言，在這些條件之中，二十多歲的年輕人最感匱乏的就是金錢。因此，本人會極力渴望「自己有錢」。他們相信「欠缺錢，則事事難成」。

可是在這世界上，不乏擁有萬貫財富卻缺少時間的人。他們為了祈願「有更多時間」、「欠缺時間，則事事難成」而焦慮不已。除此之外，多半場合裡，他們的體力是遠遜於二十多歲的年輕人。

既然如此，在滿足慾望必需的三要素之中，擁有二要素的年輕人，打擊率大約是六成六六。其實，這個數字實在太高了。因此，不應該放棄自己想做的事。

這時候，應該思考如何有效應用自己所擁有的時間。儘管無法奢侈的揮霍金錢，但是，卻能奢侈地使用時間。雖然欠缺錢，卻擁有時間的二十多歲年輕人，並不像自己想像般的困頓。

借錢給別人，不但失去錢也失去朋友。

——『哈姆雷特』 莎士比亞

自古就有一句話「千萬別借錢給別人」。否則「既然借錢給別人，就認定這筆錢是送給他」。

借錢給別人的人，應該擁有無法收回的心態。

又有一句話「借來之後就不必擔心，但借出去的人就要憂心忡忡」。想討回錢的那一方，會擺低姿態要求對方「還錢」，但借的那一方卻會擺高姿態說：「無袖者無法拂袖（巧婦難為無米之炊）。」有時要求借錢的人儘快償還，然而所得的答覆卻是「為了清償債務，你應該再貸款給我」。

也有人應用借一百圓還一百圓，借一千圓還一千圓，借一萬圓還一萬圓，以獲得對方信任的方法；然而，最後借了再無能力償還的大筆金錢。這時候債權者會認為，「過去信用極佳，所以才答應」，結果便陷入對方的圈套中。

切記，應避免輕易作為他人貸款的保證人，或者借印鑑給他人，否則很容易受到牽累，導致財產被查封而破產。

俗言

星星向左流逝便有金錢收入，向右流逝便有支出。

穿著和服時，流星自右至左，猶如星星自和服的衣襟處流入懷裡一般的感覺。反之，向右流逝的星星，猶如自懷裡取出金錢的方向。

由於如此，才產生本節開頭的俗言。

其他的俗言尚有「在目睹流星之際，敞開衣襟就會成為富人」「在流星尚未消失之際祈願，其願得以實現」「在目睹流星之際，拾起石子即可成為有錢人」等，流星和金錢時常連貫而成為俗言。或許是將在夜空閃爍輝耀的星星，和黃金的光輝視為共同點。

關於金錢的俗言甚多，以下列舉數個。

＊燕子在家築巢，可變成有錢人。

＊耳垂大會存錢。

＊錢包內放蛇皮，可成為有錢人。

＊夢見火災，即可拾獲金錢。

我以為只要有錢，生活的一切必需品必然有求必應

——『諾亞、諾亞』　保羅高根

在於生活自給自足的地方，再多的錢也無用武之地。欲購生活必需品，亦無人販賣。漂流至無人島，想使用錢，也無處可花。

以此來看，對生活的適應力方面，在地方上生活者優於在都會生活的人。開發中國家的人民，則優於先進國的人民。

凡是想到發生天變地異或災害，並非擁有錢即可安心。當然，食物或衣服等的物資準備是十分必要的。平常能未雨綢繆者，例如，搭火車發生事故，身陷其中動彈不得時，便想到先買便當。總之，是擁有確保糧食的心態。

如此的行動，是無法滿足自我的範圍，但以此角度來了解拜金主義、金錢萬能主義是多麼無力。亦可獲得極佳的教訓。

多累積少的錢，才能變成大錢。

——『稽古談』
海保青陵

任何人都會說，「不義之財是無法儲存的」。

嗜好競馬的數位同事聚首爭睹預測的報紙報導，熱烈討論著「二—四」「不，不，應該是四—八」，結果在一半玩心之下買了「二—八」的馬券，最後也中了頭彩。這種情形是時可耳聞，只是這種錢也是無法儲存下來。終究會作為慶祝或請客之用，甚至常發生透支的現象。

身為儒者、經濟學者的海保青陵，在本節開頭的語詞之後，又記載「一時獲得的金錢，是無法成為大錢」。

富翁的兒子或女兒，將家產揮霍無存的例子屢見不鮮。理由在於他們不了解金錢的直正價值。無論採取什麼方法，凡是靠自己賺錢，都必須付出相當的苦勞。或許其背後，會有生命短促的體驗。

因此，那些人充分明白金錢的價值。但是，不義之財是例外。

金錢會使一切不平等成為平等

杜斯耶夫斯基
——『未成年』

凡是能用金錢買到的，任何人只要拿出錢就能買到。兒童能買得到，甚至，無論身高的高矮，也能買得到。完全和國籍或職業沒有關係。

因此，金錢具有讓社會的限制或不平等導向平等的作用。不過，仍只限於能自由使用金錢者。

金錢是無處不通，因此在富者和窮者之間便產生不平等。亦即，不是人人都能自由使用金錢，結果有人能如願以償，有人無法一償宿願。

「學問會讓一切的不平等成為平等」的情形相同。學問雖有克服家世或財力的要素，但並非人人皆有相同的學力。於是，又產生新的不平等。

金錢也具有對抗家世和學問的可能性；但事實上，金錢也會有所差別。人人亟欲擁有財富，並非為了獲得平等，而是亟欲演出對自己有利的不平等條件。

街上具有一切能讓人們花錢的契機

——『野鹿行走的吊橋』　三木　卓

不使用錢的訣竅，在於不攜帶錢出門。假設上街恰巧碰到下雨，絕大多數人都會想買雨傘遮雨。換言之，街上是以下雨為契機，設置了販賣雨傘的商店。

但是，如果那時候錢包空空，即使想買也無能為力。結果，不致多買一支不必要的雨傘。

其實不請客也無關緊要，可是卻請了客，其後才後悔莫及，完全是帶現金出門所造成的。

不花錢的另一種方法，是不將大鈔換成零鈔。不將一萬圓的大鈔兌換成小鈔，錢就不會逐漸減少。例如，想購買一〇〇圓口香糖時，會自然浮現「下次再買」的念頭。可是，如果將大鈔兌換為千圓紙鈔或百圓硬幣以後，不只會買口香糖，連報紙也一起買。一看到自動販賣機，就想投入硬幣購買飲料。雖然只是心理上的些許差距，但人類的行動卻會為之改變。

授比受幸福

『聖經』

有人在取得他人餽贈的禮品，或受到邀宴時，就會感覺不立刻回報心裡就不舒坦。或許過於注重禮節，也可能不想因此積下人情債。

總之，有借就有還。但是，送禮或請客的那一方，在獲得對方回報時，心裡未必高興。因為要送禮必然有其理由，因此能坦然接受饋贈者的誠意也很重要。

對接受的那一方而言，或許會有戒慎恐懼感，但對方卻能滿足於自己能力所及之事。前輩宴請晚輩，必然也有同樣的心態。除了想發揮身為前輩的風範，或者視對方如小兄弟的目的之外，「站在主人立場」的自我滿足感也是不置可否。

尤其是二十多歲的青年，不必對前輩的好意感覺負擔。只要很歡喜地加以接納，才能讓對方高興。至於如何回報，可以等到自己四、五十歲時，再回報給晚輩。

公正分配的結果，
變成小份的分配。

——『柴契爾夫人回顧錄』　柴契爾夫人

有錢人絕對不會主張，「平等分配財富」。理由在於如此一來自己應有的一份少於現有的。可是，自己擁有的財富少於平均值的人，卻會極力主張平等分配財富，認為這才是公正，才是社會正義。

可是，主張平等分配者一旦富裕之後，其發言或行動就會產生微妙的變化。亦即，會調整因平等而使自己在經濟上陷入不利的心態。因此，表面上的主張和背後的行動便迥然有別。崩壞的社會主義國家的獨裁者，會醉心於別墅或女人、豪華的生活裡，但嘴皮上依舊振臂疾呼公正。

或許，人類出生就很自私。主張公正與平等，其實只是為了獲得特權的一種手段而已。該事實確實令人汗顏。

因此，如果先進國想主張地球規模的公正說，則須擁有相當大的覺悟才可實現。

不患寡而患不均

『論語』

當然，錢愈多愈好。但以現實問題而言，沒錢就是沒錢。不得不疲於調度少許的金錢。

在那場合裡，最重要的是讓大家感到公正。例如，嗜酒如命的父親，一旦無力購買孩子在校的必需品時，家庭的和平就不保了。或者子女使用的電話費過度，或者洗髮使水費異常多時，就會遭來怨聲。

公司也是如此，既非老齡、亦非大企業董監的經營者，口口聲聲強調節減經費，然而出差外國時都是坐在頭等艙，於是員工的不滿日益坐大。或者在家族企業上，以交際應酬為名目而大肆斥資於遊樂上，當然會招來員工的不滿。於是，一人、二人……，辭職離開公司的人接踵而至。

如果真的缺乏資金，當然要節約經費。人不會對錢少感到不滿，而會因自私的行動發出憤怒之聲。

人類是由二種人所形成，借者和貸者。

蘭姆（Lamb）
——『隨筆』

若將對象分為二種，考慮為「A或B」，則頭腦可清楚作判斷。例如，善人或惡人、敵人或友方、有利或不利等的具體例子不勝枚舉。該分類法雖然明確，卻時常具有忽略微妙的三不管地帶或危險區。善人，有時也會有壞的企圖。至於惡人，有時也會有善行。同時，不會對任何人都以善人表現，而且也不會對任何人以惡人表現。

儘管如此，但「A或B」的概念，會讓日常生活更加便利。也可以說，人的出生本來就是如此單純，而且似乎也喜歡單純化。

所以，人不會想要以低利息向人借錢，再以高利息貸款給別人，亦即「是借者或貸者」等的方式生活，避免讓自己的日常生活複雜化。

凡是想創業者，以奉獻為先。

岩崎彌太郎
——實業家

一到新年，孩子就直嚷著「走吧！走吧！快到爺爺、奶奶家」，主要就是為了拿壓歲錢。

有一句話「桃李不言自成蹊」，是意味「桃、李雖然不言，可是想欣賞花兒姿態或採擷果實者會自然集結而來，其下自然成道」。此乃比喻人們喜愛崇拜富有德行者，而且在有利之處也會聚集人群。

例如，和某某人交往時，就會受到款待或送禮，甚至會安排工作給你，讓你有賺錢的機會，於是人人趨之若鶩。給予工作，給予相當好的代價或賺錢機會，當然任何人都不會說「NO」。

岩崎彌太郎是明治初期的實業家、三菱財閥的創業者，是以身為政商而嶄露頭角的人物，但傳聞在其過程中，時常為了招待政府的高官而大開豪華酒宴。

無論任何人都具有只要自己賺錢，而不顧他人的根性，但這種根性會讓賺錢受限。因為唯有先給予他人利益，其後必然會獲得回報。

人的終極慾望是財富

——『羅馬帝國興亡史』　吉朋

日本，是世人稱羨的長壽國。約半世紀前，日本因戰敗遭致毀滅性的打擊。想吃，無食物果腹；想住，卻無家可歸的狀態。其間，國家的復興是依恃經濟成長支撐著。現在的經濟大國、長壽國家也是由此而來。在富裕的國家，過著富裕生活的人，壽命自然較長，而且能時時保有年輕的氣息。

人類的歷史，可說是為了追求更多財富的歷史。其支撐的一種手段，就是戰爭、侵略、掠奪。一切作為，就是為了更豐富自己的財富。但是現在日本的財富，是在和平之下獲得。現在不會再因戰爭而使壽命減少的人。由於如此，使戰後的日本成為歷史上的特記。

今後的生活設計，是如何在被賦予的良好條件之中生活得更有意義。以此來看，最重要的是對自己的投資。我們要追求富裕，但切勿只追求物質，而須著重於充實自我和滿足感。

無所謂，無懼無畏是年輕人的特權。

——『晴時偶爾殺人』 赤川次郎

「能存錢時就存錢」，這句話是很真實的。能存錢時，就是收入多、支出少的時期。

可是，即使稍微透支體力也無妨的時期，奔命工作以增加收入時，遊樂方面也是很活絡。酒量增加，和女人的關係也出色。其結果，以後就會後悔「那時候應該多存一點錢」。

喜歡賭博的人，其中有人會說：「因為馬的關係，讓我現在還是無殼蝸牛族。」換句話說，如果將賭博的錢存下來，那麼現在必然擁有相當多的錢。

確實，這句話是相當肯定的。能夠如此思考人生，必然會警覺到，由於近女色和賭博，使自己獲得的教訓也是十分珍貴。在中年或老年才回憶，當年年輕氣盛，所以會有無畏無懼的行動，同時也在培養自己的為人。

無所謂、無畏無懼，是年輕人的特權……。

第六章　挫　折

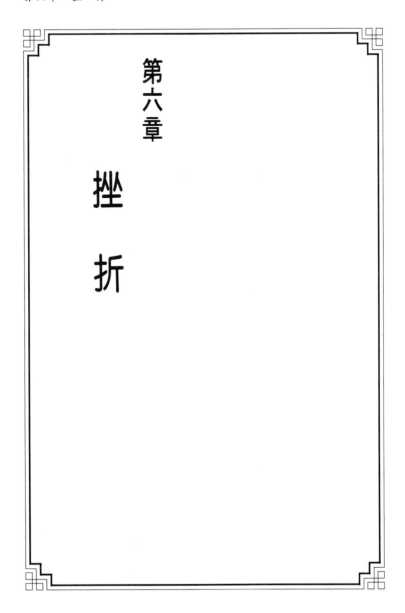

一日從事一件自己最喜歡的事

——帕特・白爾馬
『自己愛自己』

做自己不喜歡之事時，心情會顯得特別沉重。因為不得不做，所以動作會變得很遲鈍。周圍人們看到那種姿態，絕不敢妄想接近你。於是，整體的氣氛便暗淡、沉悶。

可是，採取自己喜好的行動時，快樂、有趣，自然充滿活力。開朗的氣氛，猶如將小石子投入池心產生漣漪般的逐漸擴大，周圍人們也感同身受。

既然如此，就應該做自己喜愛之事。即使為了生活不得不從事不合心意的工作時，也要求自己在一天當中，做一件自己最喜歡的事物。如此一來，就能積極對應人生。

本來，人生一旦掌握良機，就會一反常態，直向好的方向邁進。為了掌握佳機，須善加應用自己喜好之事。如此一來，即可過著日日積極的生活，而且會讓你發現「為何當時自己會那麼愚拙，居然為了芝麻小事而煩惱？」

治非名言

『史記』

人有一張嘴、二個耳，所以聽要比說多二倍。有人會說，「我是無口……」，然而卻像機關槍一樣說個不停。所以，那個人並非無口，而是六口的好言者。

其實不懂得好好聆聽他人言語的原因，泰半是忽視或不關心對方。於是，就會遭致對方的怨言。

對方一心想向你說明，讓你了解，盼望共同思考對應方法；然而坐在他面前的你，卻是心不在焉，對方的一番說詞等於白費口舌，結果惹得對方怨聲連連。不知禮遇對方的人，對方自然也會冷落你。瞧不起對方的態度，或者一面嘲笑對方，一面聽他人說話的人，會讓說者覺悟到「往後不再和某某人說話了」。

人際關係的裂縫，一旦超過無法復原的界線，就會終生無法回復，想獲得他人援助時，無人肯伸出援手。

因此，凡是有人和你說話，都要誠心的聆聽，才能獲得別人的信賴和成功。

信言不美，美言不信

『老子』

學長親妳的時候，妳羞赧地對學長告白說：「從前就很喜歡」，但學長卻說：「其實對象不是妳也無所謂」。「對象不是妳也無所謂」這句話，就是「信言」不「美」了。

在人生上，常有類似的情形。只是多半不將事實告訴妳，所以能過著平穩的日常生活。無論是學生集團、公司內的派系，或宗教上的信徒，有時是為了聚集人數才邀請你參加。這時候他們會甜言蜜語地說：「因為你的加入，使我們如虎添翼」，「我們急需你的才能」，「你是特選的人物」，對於這些美言，多數人都會心花怒放。但是，「美言」不一定是「信」。

戀愛或夫妻的關係也是如此。事實上，「自己」並非被特選而出，只是你偶然在那個場所被選上而已。相信是「前世姻緣」或「愛」，其實只是偶然而已。但是，一旦發現事實而使自尊心受損時，表示其人依舊單純的證據。這時候切勿妄自菲薄，必須提出勇氣而對。

做好夢切勿向人告白
做惡夢則須儘快向人吐訴

俗言

人做惡夢時，心情會顯得很沉重。醒來之後，頭會重重的，心裡也感覺很疲憊。那時候，應該向人訴說惡夢的內容，才能將內心的苦悶加以發洩，心情才能輕鬆。

據說，古時候的人在做惡夢時都會面向南天竹傾訴。理由在於南天竹和「難轉（化險為夷）」的意義相通。同時，人們也相信在想像上稱為獏的動物會吃夢，所以戴著畫有獏像的符，就能噬食惡夢，守護自己。或者相信只要喃喃唸著「獏、獏」，也能發揮遏阻的效果。

實際上，確實有獏這種動物，現在人們咸認這種動物會吃夢。至於想像上的獏，形如熊、鼻如象、目如犀、尾如牛、腳如虎。

但無論如何，頭會沉重，胸口會鬱悶時，就要儘速加以祛除。在敞開窗戶、吸入新鮮空氣、伸一伸懶腰後，即可改善不快的現象。

你的不安焦躁，都只是過渡期的徵候。

——『趁著光亮，在光中行走』 **托爾斯泰**

市面上有關「生活方式」的書籍，或者以女性讀者為主的書籍琳瑯滿目。主要是對生活方式的選擇幅度上，女人比男人寬廣。

無論如何，上班族的女性突然宣布「我好累，想結婚了」，是不會遭來鄙夷的眼光。但是，男性就不能擁有這一項選擇。換言之，女性的人生並非只有一條路而已。

以男性為讀者，「生活方式」為主題的書籍，其對象是以青年為主。因為在男性的一生中，稍有選擇幅度的僅僅在於青年時代。但最近，退休後也呈現這種現象。不久，因企業革命使男性必須時時思考如何使自己本身繼續生存的方法。

總之，一旦有選擇的可能性，人就會產生煩惱、困擾、不安與焦慮，便成為日常性。女人會苦惱、困惑，年輕人會苦惱、困惑，完全是生活於「過渡期」使然。人一旦失去選擇的可能性，不安、焦躁便自然銷聲匿跡。

在社會中，不是事事有理，事事稱心。

——『冰川情話』　勝　海舟

有些公司立下規定，凡是同事間結婚，其一方必須辭職。雖說其一方辭職，但泰半是女性辭職，這也是公司常規。

有些公司則不一定要求辭職，但同屬一課的二人結婚，就不能一直屬於同一課。日本的公司，泰半屬於這種狀態。

可是，由父子營運董事會的公司卻不少。也有兄弟連手營運的。於是有人提出「既然如此，夫妻應該可以在同公司或同課上班」的道理，然而在這社會上，並非事事都合理的。

在父子、兄弟或夫妻所經營的公司裡，他們多半會不在乎地表示「結婚後必須辭職」的矛盾語詞。同時，在那種公司上班的人，也不會公然指摘這種矛盾。實在是太不可思議又當然之事。

一味主張道理的言行，結果往往會招致挫折，不得不慎。

切勿默認最初的規則違反者

鎌田 勝

——『領導力101法則』

對於期限將屆，尚未提出報表者，絕不能寬待他。「不談公事，他也是我的好友」，或「他平日的工作態度很努力」，或「算了，不是很重要的文件」等等，一再改變業已決定的期限是不對的。只要開首例，以後不會再有人會在期日之前提出文件。假設那時候加以斥責「為何無法在期日之前提出？」必然遭到對方反駁「為何只要求我一人？A君也還沒提出」。或許會默默地提出文件。但仍然會心有不甘的公開表示「希望自己能像A君般有權利不必在期日之前提出，不過在期日之前我仍然有權利」。

組織是要靠公正、平等的原則來運作，使全員朝向其目的前進。但因善意或猶豫不決，允許了最初的違反者，從那一刹那開始，就會遭到組織的報復。亦即，初任領導地位時，就會經驗痛苦的挫折。

冬來，春不遠

——『西風之賦』　雪萊

人是無法避免挫折的。

但是，人往往是抱著希望生存。相信未來必有發展，或明日的幸福正等待著他。深冬的凍土到了夏季，也會植物繁茂。由於如此，人們才會屈指數著日子，期待「明日」。如果明日比現在闇暗又不幸，則不會有人期待明日。

以諷刺方式來說，「冬來，春不遠」，亦即，「秋來，冬不遠」。可是，人們不會這麼想，「新年是往冥土之旅一里塚」，也是不容置喙的事實。但是，人人皆歡欣鼓舞地慶賀新年，對新年寄予希望。

在地球上，有到了春天冰雪還不溶解的地方，也有到了冬天依舊酷暑的地方。因此，若要講道理，則本節開頭的語句只是北半球中緯度的構想而已。但此際，切勿拘泥於該想法，而只要率直地相信它即可。夕陽餘暉必美，明日必然晴空萬里。在人生上，也有春的預兆。

成者為王侯，敗者為賊寇

諺語

賽馬時，僅僅一個鼻頭的差距，勝利者就是勝利者。至於自由車競賽，只是一輪之差，冠軍就是冠軍，亞軍就是亞軍。因此，無論多麼不平，購買賽馬劵或賽車劵的錢再也討不回來。事後還會頻頻抱怨，很難接受自己敗陣的事實。

但獲勝時，會堅持說：「即使只是一個鼻頭之差，勝利就是勝利」等，完全不理睬周圍的抱怨聲。該現象確實有趣，況且在這社會上也常發生類似事件。

僅僅被擊出一支安打，然而卻是全壘打，結果成為敗戰投手，這是非常值得同情。可是，勝利投手是屬於以一比〇獲勝的那一隊投手的份。即使該投手被擊出數支安打，然而卻和勝負無關。

可是，敗戰的隊伍和球迷都無法坦然的接受事實，於是會說，「棒球獲勝，可是比賽輸了」，這只是不甘願認輸的口氣。

明知輸了，還是想不開，根本無法坦然接受事實，人生不也是如此？

賀茂河之水、雙六之賽、山法師，是不順從朕心者。

白河法皇

白河法皇是日本第七十二代的天皇。在位十四年後，讓位身為上皇，開始院政（垂簾聽政）。其期間，在堀河、鳥羽、崇德三天皇的時代，長達四十三年。亦即，合計五十七年間位尊權力的最高位。所謂法皇，是上皇出家的稱呼。

但是，權位集於一身的法皇仍然感嘆，儘管他擁有巨大的權勢，然而卻有三種不順其意的。亦即氾濫的賀茂河（鴨河）的治水，骰子之數，以及僧兵衝動的行為。本節開頭的語詞，即是如此。

法皇尚且如此，身為市井小民的我們，豈能事事稱心如意？圍繞我們的環境或社會，不會因為自己的悲觀或憤怒而改變。

我並非主張「逆來順受」，但這個世界不可能以自己為中心而存在。由於了解該事實，才能避免對不必感到挫折之事，懷有挫折感。

我是發自心底的正直者，可是卻厭惡這樣的自己。

蘇伯比爾
——『拐子』

父母和學校老師無不三申五令地訓誡孩子「必須誠實、正直」。但是，一旦毫無遮掩地陳述自己的感觸和想法，往往會遭致對方的嫌惡與懷恨。

例如，對於適合穿著白色或黃色系服飾的女性說：「因為妳的膚色較黑。」結果將會如何？可能會始料未及地傷到雙方的感情。當朋友向你介紹他的未婚妻時，你回答說：「身高矮了一點，不是很搭配。」結果將是如何？

當然無一絲惡意，而且是誠實地說出心裡的話而已；但事實上，已因誠實惹出事端了。倘若批評已確認是下一任社長的社長兒子，「太浮躁，不夠穩重」，想當然耳，社長的情緒必然不佳，而你必然也會被打入冷宮。

愈是認真、乖順的孩子，愈容易因正直發言而遭到挫折。明知阿諛奉承對方為最理想，然而卻無法做主，連自己也討厭自己的這種個性。即使因撒謊而失敗，也是心甘情願；然而因誠實而失敗，確實是一種悲劇。

以為自己了解，
但經思考後卻是不知。

——『陰陽師』
夢枕　獏

曾聽一位好友提到，他在一個宴會場上巧遇和自己交往甚密的一位知名人物，然而那位知名人物對他卻是視而不見，只是一味地以笑顏面對周圍的其他人，有幸面對他，正想和他寒暄時，不意他卻將頭轉向他方。

他也了解在宴會場上，難免會發生這種情形；然而在兩人獨處碰頭時，態度依舊冷漠的衝擊不可謂不大。原本以為過去和自己接觸的臉孔才是真面目，如今不得不讓他懷疑，宴會場上的臉孔可能才是真面目。

同理，不期而遇地目擊自己女友和其他異性快樂暢飲的景象，也會牽引出這種困惑。二人相處時，女友顯得很客氣、乖順，到底她的真面目是什麼？在不斷思索、探究之中，自信也逐漸消弭無蹤。

此乃稱為疑心暗鬼，是導致青春期煩惱、傷心的原因之一。

伏久，飛必高

——『菜根譚』

無論任何人，有時會在不受周圍人們注目，或者從主流脫離之下生活著。這時候如果自暴自棄，借酒澆愁，悲嘆自己時運不佳，也是無濟於事。藉酒消除愁悶、不滿或不安，不是不好，只是有損健康和精神。陷入絕望困境的心情令人可憫，但是，須儘快覺悟拯救自己的，唯有自己而已。

俗謂「養精蓄銳的鳥兒，必然飛得更高」。確實，自己不受注目的時刻，正是做自己想做之事的良機，脫離主流者，必然不會受到『FOCUS』或『FRIDAY』（雜誌名稱）的注目，所以可以自由無束地悄悄養精蓄銳。

較早綻放的花朵，必然早謝。因此大可不必焦急。須知，「危機過後，機會就來了」。但問題是，能否掌握難逢的機會？逆境之所以會發生作用，只適用於屈服於逆境之下的人們。

信仰也是慾望之一

俗言

有一個人前往寺廟或神社膜拜時，絕對不遞香油錢。理由在於他認為佛或神是公平、全智全能的，因此絕對不可能以捐獻的多寡來區別人的願望。由於如此，他堅決反對奉獻千圓鈔票比百圓硬幣的願望更容易被神祇接受的想法。

但另一方面，有人相信本來神就和人一樣，只要賜予更多的金錢或禮物，就會優先讓對方如願以償。所以這種人，絕對不會捐獻千圓鈔票，而是一萬圓鈔。

但也有人主張，為了達成願望，金錢或禮物是無濟於事，唯有誠意才是最重要。同時，認為未依正確方法、正確程序行事，就無法向神傳達自己的願望。也有人相信唯有兼備誠意和金錢或禮物，才能如願以償。

採信何者?完全是個人自由，但信仰和慾望絕非無緣，乃是不爭的事實。

我不會耿耿於懷

莎莉恩葛
——『在小舟之傍』

為了尋找遺失的錢包，找得焦頭爛額。似乎遺落在某處，錢包內有打工賺的十萬圓。有了十萬圓，可以買很多東西，而且可以去旅行……。到底掉在哪裡呢？實在回憶不起來。

這時候才想到「這麼在意也是於事無補」；但是，連在夢中也不甘心，後悔自己為什麼那麼粗心。換句話說，明知耿耿於懷毫無益處，但是，始終無法摒除不甘願的心理。

本節開頭的詞句，是女傭珊杜拉埋怨僱主小孩所採取的奇妙行動，而時常喃喃自語的一句話。雖說，「不會耿耿於懷」，然而對頻發的事件始終無法釋懷。

一般而言，認爲「不會耿耿於懷」的人，往往會一直把事情擱在心上。儘管嘴上說「這十萬圓當作送人」；但事實上，心裡並不這麼想，仍然心有不甘。

結果，只能等待時間的消逝而淡忘。

僅僅依賴常識或定論，是無法轉換構想的。

——志茂田景樹『繩文神的血族』

我們會在不知不覺中，對二種不同的狀況比較其優劣與善惡。同時在根本想法上，以上下關係來掌握這二種狀況。

例如，比較法國和泰國或印尼的烹調，大約都存有法國菜較高級，洗練又卓越的概念。其實，以各地不同的風土或文化為背景的菜餚，不應該有上下關係……等。

職業也是相同。確實，每一種職業皆有差異。然而，其間並非上下關係，而是左右的關係。可是，不明這項事實的人太多了。當然，個人皆有自己的好惡。於是會產生「我喜歡這個，不喜歡那個」的狀況；但是，這並非上下關係。

不易擺脫常識或定論的理由，在於以上下關係來掌握事物使然。為了轉換構想的具體方法，是以左右關係來觀察事物。亦即，會發現不必存有的自卑感，以及不必成為失敗之犬的立場。

世無不必結交朋友的偉大富翁

法國諺語

人際關係，若無互惠就無法長續。打麻將也是如此。一直輸的人和一直贏的人，不久之後關係就會淡化。其後，自然會產生技量相當的一群組合為一組。

在經濟層面上，一直是客人和一直是作東的雙方關係，也是很難成立。如果看起來存在這種關係時，自然會讓人連想到，必然有交換與其金錢相當的其他價值。

人人所謂的「只要有錢，即可滿足九成的日常生活」，這句話並不離譜。但是，須留意那只是量的問題，而非質的問題，因此，存在著無論有多少財富，終有無法彌補的空洞。想像擁有難以計數的金銀財寶，然而卻孤獨生活的景象即可明白。

無論惡友或艮友，缺乏朋友者，是意味無對象理睬。其本質上的寂寞，是無法依據「出前家族（目前日本正流行的生活，即生活於都會區的上班族，一放假唯恐寂寞，於是花錢請人當自己的父親或母親，以慰寂聊之心）」等獲得滿足。

所謂危險思想，是想將常識付諸實行的思想

——芥川龍之介『侏儒之言』

其實只要影印出來的文件，能夠看得清楚即可。但是，只要有些許的污點，就命令重印的機構或公司為數不少。

理由是，「要分發給議員先生」，或「要給董事長過目」。

大體說來是看得清楚，但仍然要求重印，結果丟棄的紙張自然很多。不僅浪費資源，而且堅持有問題的部分，往往是舊影印機的原因。

有人說，封閉的社會常識，是開放社會的非常識。但是，有些地區不為庶民的日常性常識所通用的事大主義仍然跋扈著。那時候，如果想將常識付諸實行，往往會遭到反駁說：「你以為我是什麽人？」而顯得傲慢自大，可謂無藥可救的人。

「無理可通，道理就行不通」，如此般受到權威主義或事大主義傷害的年輕人為數頗衆。排除社會「恥部」的日子，何時可待？

在這世界上比成為傳聞種子更壞的事，只有一種，就是無法成為傳聞的材料

——『機智與智慧』王爾德

原本人們對於外界的傳聞，都抱有某種羨慕的心態。「哦！好棒！」「可是，這是否太過分？」這句話的背底裡，含著很想做卻不敢妄為的自己。演藝的新聞，泰半是這一類的傳聞而已。某人和某人交往甚密的消息，隱含著如果可以，自己也想嘗試的願望。

雖知厭惡和自己有關，但完全無根據、無責任性的傳聞，不過在另一方面上，有人為了宣傳自己而故意四處放出傳聞。這些在心中所打的如意算盤，是即使是惡言，但只要成為熱門話題就不會被社會所遺忘。有一句話「人的不幸就是我的幸福」，人人均有扯人後腿的快感；但是，既然想扯人後台，還是有名者比無名者多。

換言之，成為被人扯後台的對象，為一種地位的象徵。因此，儘管被人扯後腿遭致挫折，然而喜樂參半也是不容否定。

唉！如我者，
依舊想繼續生存。

——『春』
島崎藤村

二十多歲的時代，是自我確立的時期。但是，人生經驗淺薄，又未掌握確切的目標。因此，一旦遭到周圍的一些雜音，就會頓然喪失自信，或者走入迷途，而無法釐清方向。

無論戀愛或失戀，愈是純粹，其精神起伏愈強烈。仍然不懂得如何控制自己，因此彷如脫韁之馬，一直朝向其方向猛衝。結果在事事不如意的現實，和自己的願望或夢想之間的煩惱更加擴大。

在對自己或世間的嫌惡感與絕望感的同時，仍然存有希望超越這些心態，而繼續生存的曙光。亦即，亟欲從難以擺脫的青春之苦中獲得解放。

所謂黎明之前最黑暗，極力想解救猶如被埋沒於黑暗中的自己，繼續存活，為何需如此痛苦？但無論如何，在不斷的挫折中須愈挫愈勇，戮力於暖陽的春天裡尋找可以存活的場所。在呼喚肉體的同時，也呼喚靈魂。

在世界之中，很容易依據結果，決定行為的重大性。

——『裘爾叔父』
莫泊桑

汽車因下雪而打滑，有人幸運免於發生事故，但有人卻難逃一劫，不幸發生車禍。同樣是車子打滑，但其結果卻有雲泥之差。不過在多數的場合裡，人們皆以結果來判斷、決定社會的問題。

再優秀的構想，但毫無收益可言的企畫，只有來之高閣的命運。反之，似乎很通俗，毫無創意，只是一意想獲得第二條泥鰍（守株待兔）的計畫，若能確實獲得成果，則該企畫者的發言權，勢必強而有力。因下賭注卻輸掉許多錢的那一筆款項，是生活上不可或缺的經費？抑是零用錢？二者的差異，對其人的衝擊度，以及其人的生活模式都有很大的不同。

人會遭致失敗或挫折，是對於會造成的結果的獨斷，或顧慮不足所造成的。問題是，無論一萬圓或一百萬圓，如果完全輸光光時的結果如何？

人必須事先擁有這種想像力才行。然後再下決斷是否行動。如果忘記這一步驟，將會引起更大的失敗，更大的挫折。

同樣要生存，你不覺得應該胸襟豁達地生存嗎？

——『羅馬字母二十六講』 **谷川俊太郎**

人人皆有各自不同的特性。做事也有適合或不適合的。所謂人生高手，就是善用自己特性生活的人，例如，身材矮小卻想成為跳高選手，未免太異想天開了。

有些人不適合家庭生活，有些人則不適合在社會上工作。既然如此，並非人人都會結婚，也不是人人都會找工作做。其實，個人只要進行適合自己的人生設計即可。儘管如此，還是有人認為不趕流行或者必須和他人作為相同的行為是落伍的；但事實上，這種觀念並非完全正確。

所謂豁達的生活，是指不以他人為基準，而以自己為基準生活。如此一來，即可維持精神和肉體都豁達的生活。此乃意味從容不迫，悠悠哉哉的生活，亦可謂舒舒暢暢的生活。

勉強自己和他人同一步調、同一步驟生活，終究會被壓抑所困擾，而且會產生挫折，所以生活必須輕鬆自在。

生時是孤獨，亡時也是孤獨。

『一遍上人語錄』

人的死亡之期，並非依照出生的順序。所以，有時會參加和自己親近卻比自己年輕的親朋的喪葬。如果離別者是自己的親人或珍愛的人，其痛苦是難以言喻的。有時會因絕望，而無法繼續存活。

一個人的死亡，連帶也會改變周圍的人際關係，在個人的力量關係或利害關係恢復平衡狀態之前，可發現人心。其間過程，不一定受人歡迎。

於是人的孤獨感，愈是加深。最後才覺悟到，原來人是一人出生，一人忍耐，一人死亡。縱然如此，還是很難達觀。和戀人或配偶，遲早都要訣別。在二十多歲者的日常生活中，決不會想到這一類問題；不過，死亡不一定只向老年人招手，是不容置喙的事實。

「何時身亡都無所謂」「不怕死」等的說詞，是因為年輕人不曾預感到自己的死亡；不過別忘了，死是人生最大的挫折。

第七章

自成啓發

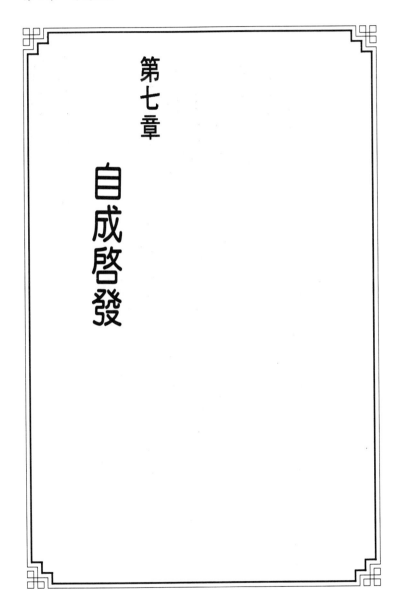

我想出門旅行。至於目的地無關緊要

林望
——『幻之旅』

一位男性說，「三十歲時，我要辭職離開公司，到法國留學」。

被詢問「為什麼」，其回答的種種理由。例如「在留學之前先工作存錢」，或「三十歲是改變環境的最後期限」，或「因為喜歡法國」等等。

但深究其根本理由，或許他自己也大惑不解，只能勉為其難地回答：「因為想去法國」，或「想留學」而已。乍看之下，目的是相當明確的事情，在進一步追究理由之下，窮於回答的例子不少。

人為何要生存？要活多久？「是否只活到死亡而已？」

如此般的，出門旅行是不必有什麼理由。對於已厭煩回答「為什麼」「怎麼會這樣」的追問，可以回答為了發現自我，或發現興趣。

愈勤勉的傻瓜，愈困擾人

——賀斯特・卡雅『人生論』

一年三百六十五日，一日一日都是相同。可是，如果能以新鮮心情迎接每一日，則人生會充滿希望，生命也會躍動，充滿活力。

其手段之一，就是自我啟發。但問題是，所努力的事物須應用於實際生活上。收集許多畢業證書或結業證書而四處炫耀，只會遭致他人厭棄而已。

其實，我們不是很擅長於將新知識或智慧應用於實際生活上。因為在嘗試新事物，或從事與衆不同之事時，往往會遭致許多冷眼相待。他人認為，你的特異行事會奪走他們的既得權，或者使他坐立難安等等的周圍危懼感，形成巨大壓力。

如果人是天才型和秀才型的類型，那麼日本人是秀才型。該類型者不喜歡改變人們或社會所建立的結構。他們習慣於依照傳統方法，勤勉地進行規劃好的競爭，終其一生的耗費熱能而已。

結束一種刺激之後，下一個刺激必須比前一個更大

購買獎券中一百萬圓的人，其後縱然再中十萬圓，只會感嘆說，「只中十萬圓而已」。中一萬圓時，只會產生「一萬圓的作用太小」程度的興趣而已。

賭博也是一樣，如果贏了大紅彩，就希望能贏更多的錢。當然賭注的錢也會愈來愈大，最初是一百圓，接著一千圓是普通，張數也愈積愈高。結果，成為失敗的原因。

現在，列舉負面方向的事例，本來刺激大都含有往惡傾斜的傾向。但實際上，因追求刺激才會產生活力，而且才能時常保有年輕的傾向。

年輕人應該多方面追求刺激。

這個世界已經從「什麼都想看」邁向「什麼都想嘗試」的時代。所以，應該積極嘗試可以做到的體驗。此乃所謂的實踐性自我啟發。

開高　健

——『恐懼・穿新衣的國王』

和自己不同的意見，必然隱藏某種啟示。

——『以男性觀點說話』 赤羽建美

常耳聞一句話，異業種間交流。欲建立人脈，須將聯絡網路擴及各個業種的人群之間。

只是同夥之間，即使聚集許多人，還是無法時常獲得新資訊，此乃同夥間的構思差距不大使然。但是，從事不同業種的工作，勤務狀態或作業內容就不同，則日常上所想的，所說的自然不同。以本人立場而言，並未提出特別話題；但是在陌生的世界裡，被認為具有許多令人省思的事物。

「賣更貴一圓」的立場，和「買便宜一圓」的立場，二者構想不同，人生觀也有差異，然而在不同的構想和不同意見的背底裡，隱藏著過去所不知的專業知識。以不同的立場來應用專業知識，必可展開新層面。

誠如上述，欲建立人脈時，並非意味只需增加人數即可。

扁擔不是用肩挑，而是用腰。

落語『唐茄子屋政談』

落語的題目『唐茄子屋政談』，是有關江戶的人情故事，大綱是「放蕩、不諳世事的小開被掃出家門，後來成為唐茄子（南瓜）的商人」。

本節開頭的詞句，是小開要扛起伯父為他準備的行商工具時，被伯父訓誡的一句話。伯父對他說：「必須用腰」，於是小開將扁擔壓在腰部。伯父見狀立刻喝斥：「為什麼把扁擔壓在腰部？扁擔當然是放在肩膀上，然後用腰部調整力量……。」

在棒球上教練也會叮嚀：「球棒不是用手揮動，而是用腰打」，所以被交代「用腰扛」，這對無經驗者而言，簡直是莫名其妙的話。不過扛天平的要訣，以這句話表現最貼切。「你的腰部力道不足，所以扛不起來」，這句話只會讓本人更加迷糊而已。

倘若如此，唯有實地訓練。對於不理解的道理，唯有親身體驗才能領悟。以心眼判斷對方的道理，與此相同。

任何時代的賢者之夢皆可喚醒付諸實踐的行動者

——『現代史』法朗士

有人一提到夢，就有人把它畫成圖。有人把夢畫成圖之後，就有人想製造出它。人類的歷史，就是以這種方式發展而成的。

想像如大鳥在天空翺翔的夢，如魚潛入水裡的嘗試，以及前往宇宙旅行的欲求，無不由此實現。或許未來也能實現長壽不老之夢。

階級差別或性差別，也是因為有人主張「ＮＯ」，社會才會朝撤廢方向進行。產生一種思想之後，依據該思想開始摸索新的世界。

如果否定門閥而推行學問，就會造成學閥，想袪除學閥的弊害，就會讓金權金脈跋扈一般，路途不一定很平坦。亦即，路途將會蜿蜒曲折，有時會繞一圈又轉回原處。

圍繞人們的環境變化多端，可是人本身和文明發祥的時代並無大變化。切勿只為眼前事物顯得一喜一憂，人人應盡力以這種尺度來觀看人間事物。

縱然能忍耐極嚴酷的訓練，還是無法保證能完全挖掘出人的能力。

——『以細胞的立場來思考』　西野皓三

人們總覺得，苦藥比不苦的藥有效；同時覺得，既然注射藥劑很痛，必然有效。理由在於只要肯忍耐，必可獲得代價。

我不否定嚴酷的訓練或苦行可鍛鍊人格、提昇技量；但是，未必可獲得理想的結果。此乃與苦藥和注射疼痛未必有效的道理相同。

「有志者事竟成」的氣魄，値得嘉許；但是，不是綁著寫有「必勝」字眼的頭巾端坐在書桌前用功，考試就一定金榜題名。無論升學考試或資格考試，徹夜不眠不休地努力，是和結果有別的。

由於引導出潛能，人生和工作才有成就。因此，為了追求夢想，戮力於能力開發或自我啟發的人最値得讚賞；但是，這時候應該稍作停頓，檢討其方法是否恰當。為了儘早達到目標，應該檢討方法……。

不與怒者結交，不與憤人共行

『聖經』

想真正了解事情的真相，實非輕而易舉。親眼目睹女人突如其來地掌摑男人臉頰的場面，不知目擊者會做何感想。

有人會以為是夫妻口角爭執；有人以為是女人遭到色狼襲擊的反擊。但事實上，該場面是想打殺佇足在男人臉上的蚊子的行為。

有夫妻特別跑到愛情旅館談離婚。理由是家裡有婆婆，二人無法專心談判。正如回家有婆婆，使二人無法獨處的情景相同；但是，前往愛情旅館的二人所做所為，不一定人人盡是。

誠如上述，我們日常性的判斷力或理解力，也會錯估真實。何況，正在被憤怒支配的人能看到什麼呢?其所採取的行動，既無節制亦無冷靜思索後才採取的行動。憤怒會使人發狂，使人發生錯誤。

因此，自我啟發切勿僅僅以獲得新知識為目的，尚須朝向控制感情的起伏為要。

人的善惡，會受到朋友左右

北條早雲

——戰國時代的武將

「大學不是求取學問，而是結交朋友之處」的意見，是值得傾訴。經由大學生活所認識的全國性朋友，對其以後的人生裨益良多，此乃人人認定的事實。

但是，我不是主張不必求取學問。只是求學問，可利用書，甚至利用電視即可獲得。上大學的益處，在於一面求學，一面交友。如果以這種立場來看，熱衷於社團活動或打工，亦可產生不同的評價。

在企業的世界裡，能夠擁有好的前輩、好的同事、好的晚輩最為理想。所謂「友」，未必僅限於同年齡、同年級而已。所結交的人，都可以成為朋友。

人，只有一人是無法完成任何事。何況，一人所能做的工作極為有限。乍看之下，是一人所做的工作，但實際上，隱藏著看不到的協助者，以及背後有力量支撐著。人能結交良朋益友，才能在不知不覺中獲得啟發而成長。

每日做二件自己厭惡之事將有益於自己的靈魂

——『月與六便士』**毛姆**

對於「厭惡」之事，可堅持嫌惡的態度；但是，其感情或表情太直接表現於行為上，可能會傷害到彼此的感情。

因為人不可能獨自一人生存於世，因此須某程度的寬容對自己不利之事。但有惡意時，另當別論。一般而言，對方並不知你的厭惡，因此只能睜一眼、閉一眼地寬容之外，別無他法。事實上，大家都是這樣……。

例如，不喜歡的食物，在勉強食用之際或許也會感覺不錯，甚至會在不知不覺中成為自己喜愛的美食。所以，現在討厭的不一定永遠都討厭。或許是自己的偏見或度量太狹小所造成的結果。

既然自己是自由的，當然對方也要自由；因此，應該肯定對方的自由（亦即，忍耐你的厭惡），才能提高對社會的適應力。亦即，意味靈魂更成長。

風一吹襲，木桶店就賺錢

俗言

意味「一旦起風，沙塵就四處飛揚。因為沙塵吹進眼睛內，眼睛不舒服的人就愈來愈多。眼盲者為了生計，便學習三味線（三弦琴）。製作三味線必須使用貓皮。所以貓會被抓去殺掉剝皮。隨著貓逐漸減少，老鼠便與日遽增。老鼠一旦增加，家裡的木桶就被咬破。所以，木桶店就賺錢了」。

這種邏輯不知要相信到什麼程度。不過，昔日的父母時常對孩子這麼說。而且較大的孩子會得意洋洋地向幼小孩子說這句話，以表示自己的知識非常豐富。聽到這句話的幼小孩子，會對年長者產生尊敬之意。

現在想找個人聊聊古語或寓言故事，但是在人際關係上已找不到聽衆了。即使出門旅行，已經很少人懂得享受途中的樂趣，極大多數人都認為儘早到達目的地最理想……。

乍看之下似乎極為無聊之事，或不重要之事，但事實上，卻能夠讓人胸懷更寬闊。人生在世，並非深諳處理人生事物者才是衆望所歸；事實上，懂得享受其過程者才是。

緊緊擁抱我、壓著我
當然發生之事就會發生

——『讀書之女』
雷蒙尙

表現男和女之間關係的語言，十分奇妙、不可思議。同樣行為，有時被表現為深富美感；但有時被表現為應該忌諱的。理由在於人們對男女關係，尤其是性行為的關係，如何加以定位、處理，至今尙無定論使然。

例如，稱為「性教育」的名詞，為了解說該問題需要表示身體部位的名稱，亦無明確化。這可說是討論科學性教育以前的問題。

乍看之下，大人們似乎不想公認性足以擾亂秩序的事實。縱然如此，自己卻會沉醉於這種行為，而追求「人格破壞」的瞬間。其後又道貌岸然地說，我們要提昇人格。多麼自私、誑騙之語。

在二十一世紀以後，仍然會持續對男女間「當然發生之事」產生困惑嗎？當然，由於如此才對性擁有無限的興趣。

須注意細節，但切勿介意。

內藤國雄
——棋士

在年輕夫妻的家庭裡，如果每個月的電話費接近二萬圓，一定是「使用過多」所造成的。察看每個月電信局寄來的使用明細書，可清楚得知妻子和遠方娘家話家常的次數和時間。使用過多者的本人，就是妻子。

加以追問，便振振有詞地提出各種理由，「你太晚回家，我很無聊」，「我不知怎麼煮飯」。核心家族，本來是一種女系家族。舉凡飲食方法、婚喪喜慶的習俗等等，都會詢問娘家。對妻子而言，能夠安心請教的唯有娘家的母親而已。

對丈夫而言，認為那筆錢是浪費；但對妻子而言，是必須經費。指著明細書，由正面追究、抱怨，是無法解決問題的。

在任何場面上，凡是不知部分的得失便表示無能，但是，無法計算整體得失的為愚蠢。無論是家庭或工作上，只為了追求小小的合理性，很容易使人際關係產生龜裂。任何事上，想追求小理由而成就大事，無異於痴人說夢囈。

縱然脫離制服的拘束，仍須忍耐無制服的自由。

——上野千鶴子『第三藝術』

和父母一起生活，經常會為了種種問題遭到訓誡。「告訴你的朋友，十一點以後不要打電話進來」，「三餐要定時吃」，「整理房間」等等。其實這些事應該隨個人自由，按照自己的方式來對應等等，對父母的管教記恨在心的年輕人不少。

可是，一旦出了家門，一切事都必須自己來。例如在深夜，只需撥個電話「我要回家吃飯」，即可解決民生問題。儘管訓誡者已不在身邊，但是再也沒有人為自己洗衣清物。確實獲得自由了，不過星期假日的三餐只有靠自己準備了。雖然不會被催著起床，可是現在起床後的一切事宜，再也無法假借他人了。

想辭職獨立，從厭煩的規則和例行工作中獲得解放，可是必須靠自己努力去賺錢謀生。這也是相當難。

還是鄰家的草皮比較綠。

優雅的言行，是無意識的行動。

神吉拓郎
——『儀態的研究』

「開口說英語實在很累」，在美國大學留學的朋友這麼感嘆。以第三者聽來，似乎說得很流暢；但實際上，可能需要在很刻意、謹慎的意識之下，才能說得通暢。

他說：「無論如何，嘴巴會很累。」詢問其理由，他說主要是被迫以不同母語的口型來說話，不禁令人感覺「原來如此」。但是，以英語為母語者對於該說詞，只會感到莫名其妙而已。他們是在無意識之中動口、動舌而脫口說出語言。所以，他們的言語才會那麼流暢、優雅。

至於人的言行也是一樣。一旦穿著不習慣的和服或禮服，會感到不自然的理由亦同。無法自在的穿著牛仔裝、T恤或泳裝，也是違和感使然。

人想優雅的行動，並非輕易即可表現優雅。為人優雅，其言行自然優雅。即使衣衫襤褸的公主，其氣質依舊高貴典雅的故事是真實的。

至今的我仍然持續過去的生活方式

——『一直是夜晚多麼好』

大鶴義丹

二十多歲時的某日，我曾冥想「還能持續維持這種狀態嗎？」。這是對將來存有漠然和不安所造成的。

無特別計畫準備做什麼事的人，在佇足反省之後，還是會繼續做和過去相同的事情。結論是「可能只是這種程度而已」，或者「只能繼續這樣，別無他法了」。

可是心有企圖者，可分為利用反省時機下定決斷，改變作風的人，和維持現狀的人。維持現狀的例子，也是各式各樣，有的是缺乏決斷力，有的對能力無自信，有的對生活不安。倘若結婚又生子，想重新學習或改行，勢必更加困難。

以實際問題而言，還是繼續現在生活最輕鬆。人最不會選擇下班後繼續進修，而會上小酒館喝杯啤酒後回家睡覺。

其實，過著和過去相同的生活方式也是不錯。

不是有拘束感才想獲得解放感，而是有解放感才會有拘束感。

松村　洋
——『八拍城市』

有一句話「早睡早起」。這是維持健康和滿足某種倫理感必須的條件。

為了實行「早睡早起」，於是很早就上床就寢，可是遲遲無法入眠。因為睡不著，於是拿書本來看，可是愈看愈有趣、愈入迷，不禁抬頭看看時間，已經是凌晨二點了。

如此一來，豈能早起?結果又變成「晚睡晚起」，而被取笑為「晚睡而睡過頭的人」。

如此看來，將「早睡早起」改變為「早起早睡」會比較容易成功。因為無論任何理由，只要清晨早起，入夜後自然會早睡。

又有一句話，「不是有拘束感，才要追求解放。由於知道有解放的可能性，所以才自覺受到拘束」，由此看來，「不是早睡才會早起，而是因為早起才會早睡」才合乎現實。

以自己的想像力由自己構築藩籬，則一切皆難成。

——『欲徒步渡海』堀江謙一

即使心裡想著：「贈送花給她，一定可以博得她的歡心」，可是又自以為「現在時間的電車太壅擠，手上根本無法捧著花」，於是計畫到此夭折。其實改搭汽車或延後時間再去，就不會有破壞花的虞慮。

或者想攀登聖母峰、搭乘遊艇橫越太平洋等等的壯舉，在逐一列出不可能的理由當中，夢想就破滅了。不是「有希望即可達成」，但是「不期望就無法達到」。不過，即使有期望，卻自以為「無法達成」，則連可能達成的都無法達成。

例如，感覺製作陶器很有趣時，就應該積極進行。可是，如果自認為笨手笨腳，根本無法好好製作，而放棄念頭，那麼任何事都無法完成。手工藝品只注重表面的美，本來就無意義。以某個角度來看，興趣是超越一般常識。有時往往因手拙，才會表現出自己所期待的美感。

我們每日的生活，都是一般常識性的，而自己所期望的則須超越常識。

打火機不是點火用的

——『我的青春讓我後悔』 遠藤周作

有時男人會覺得，只要是女人，任何女人都一樣。可能女人也有同樣的心態。但是，偶然有這種心態，和時常有這種心態是迥然不同的。每日生活在一起時，不可以說只要有對象即可。

不過，足以破壞自己想保有的氣氛或嗜好、節奏的對象就不行了。

人本來就有個人的興趣嗜好，猶如其人與生俱有的生理作用。如果被問到「為什麽喜歡」，而要準備能被詢問者接納的回答是不容易的。「因為喜歡，所以才喜歡」，不能稱為好的回答，不過唯有如此回答，再也想不到其他。

既然香菸是嗜好品，不過有人不用固定的打火機點火，就無法用心品味香菸。亦即，不能不用包含型、觸摸感、重量、品牌等的固定打火機。以此意味來看，打火機不是作為打火機之用。如此的趣味世界是不可思議的，可以和人的內面相通。

只是修理費，即可購置一部凱迪拉克

——『入夜的鮭……』　**雷蒙卡瓦**

有一句話，「買便宜貨會多花錢（因小失大）」。由於購買的品質不佳，很快就損壞而必須重新購買，或者花費許多的修理費。所以購買物品時，絕對不可貪小便宜，此乃教訓。

可是，想要買車卻湊不足一大筆錢，於是購買能力範圍內的舊車。明知會花費很多修理費，而且修理費高過新車的錢，可是沒錢的人還是無法一時支付一大筆錢，所以只好購買中古車。

不過，如果以開老爺車為樂趣，則另當別論。有人是因為車子有許多故障，必須一一修理，而藉此機會觸摸車子為樂趣。同時，出風頭的樂趣，不是只有獲得第一才能達成；敬陪末座，一樣可以滿足這種心態。有人故意不買新車，而買老爺車，主要是想感覺他人在背後私語「一定花很多修理費」，而以此證明炫耀自己很有錢。

關於趣味世界，要以合理性來說，本來就不妥當。

月暈會下雨

俗言

把木屐往上拋高高的，落下時是表面，表示明日是晴空萬里的好天氣；如果是背面，則明日將是煙雨濛濛的壞天氣。在當時，這是孩子們的遊戲之一。不過，在缺乏天氣預報的時代，流傳著許多有關天氣的預測。「晚霞是晴，朝霞是雨」「卯時降雨不穿蓑衣」「朝霧是雨，夕霧是晴」等等（卯時是上午六點左右）。

「月暈就會下雨」也是其一，實際上確實如此。所謂月暈，是在月的周圍有光環。我們的祖先長年以來不斷觀測自然，而且將體驗獲得的知識代代相傳。可是，現代人已逐漸遺忘那些知識。

過去日常上所體驗的知識或智慧，現在只能靠學習才能獲得。現代生長於都市的年輕人，根本不懂起火炊爨之事，已經喪失和大自然的溝通，人的精神面也變得索然無味。甚至變得殺氣騰騰，容易發怒。現代人應努力培養恢復和大自然交流的嗜好，過著優閒自在的生活為要。

男人因定義而行動，女人因定義而放棄。

——『想看看雙親』 川上源太郎

如果認為「某某人詢私為己」，而不再和他交往是無所謂。不過進入社會之後，對於缺乏時間觀念者、缺乏金錢觀念者、好施小惠者，仍須耐心與之交往。

由於如此，必須一生工作的男人，就要考慮如何和懶散者交往，亦即，會摸索以最小限度的讓步和被害之下，和自己討厭的人交往。結果，培養了男人對社會的適應力，同時可培養機智和說服力，進而成為交涉高手。

成家的男人，不能因受到欺侮或歧視就負氣辭職。他們反而會認為是人生的學校，而一直忍耐著。

但是，多半的女性在這時候都會放棄。「我不想和這種人繼續交往」。於是盡其所能地想切斷關係。她們被允許這樣做，也被允許那樣做。但是，今後的女性同樣必須在激烈競爭中求生存。因此無論男、女，除了家庭以外，還要有其他能放鬆自己的休息場所。

盡信書，不如無書。

『孟子』

所謂書，是指『書經』。在立場上，儒者必須學習書經。但是，「如果毫無批判的盡信書經上所記載的一切，則寧可不要那本書。還是不讀為妙」，儒家的孟子如此主張。

在這社會上，也有人奉「某某書上這麼寫著……」「某某老師這樣說……」為金科玉律，而加以炫耀。欠缺自己本身的思考，而一味壓迫他人說：「這是正確的」。這已具有困擾人的傾向。無論繪畫或書籍，根本不知精華所在，而只因有名而讚美「了不起」。

如果一直存在這種態度，即使學習態度多麼奮勉、認真，終究無法豐厚其內涵。存有這種心態的人，是比不上電腦的記憶裝置。

為了更充實自己，必須依靠自己思考。然後，以自己的語言表達自己的思考。只是囫圇吞棗或現蔓現賣，將使自己的學問或興趣，成為他人蔑視的對象而已。

第八章

人生與命運

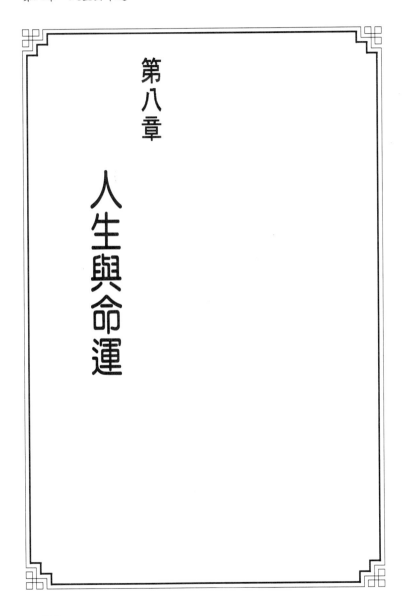

命運女神保佑勇者

培路利窨斯
——『阿耶涅義斯』

有一句話，「贏習慣了」。一旦體驗到勝利之後，再嚐到勝利就不感覺很有趣。由於「勝利」已成習慣，因此根本不會想要失敗。實際上，失敗是「可能會輸」的危懼或不安，在腦際裡瞬間浮現的一刻，便注定失敗了。

擁有優勝經驗的隊伍和不曾經驗勝利的隊伍，在進行殊死戰時，以擁有優勝經驗的隊伍較占優勢。因為不曾經驗優勝的隊伍，在其心裡會存有「可能失敗」的不安。可是擁有優勝經驗的隊伍，在其心中會受到「可能勝利」的自信所支配。

勝敗、成功、不成功的差距極小。所謂勝利，是不曾意識到負面，而且不被負面的意念所攪亂。如此之人，稱為勇者，而且命運女神向來會坦護勇者。

能了解這一番道理的人，就很容易成為勝者。

迂迴繞道的女人，須迂迴繞道方可獲致幸福。

——『已經二十九歲，只是二十九歲』　**白石公子**

有些女人在初戀即步入結婚禮堂，而且在蜜月旅行中就懷孕。或許會滿足這種狀態，不過在思考長久人生之際，可能本人心中會產生某些不滿。

有人總是邂逅不到意氣相投的戀愛對象，或者即使戀愛卻無法共同走入地毯的那一端，於是會自我哀嘆「為何自己會這麼倒楣」。甚至會暗自檢討自己，是否某部位有缺陷？

但事實上，青春就是這種經驗的累積而已。為了製造有機農業的肥料而進行堆肥時，須堆積數層的落葉和稻草。堆積愈多層愈能發熱，而形成絕佳的堆肥。

青春，猶如人生上的堆肥。堆積經驗不足，就無法產生足夠的熱能。而且未混合淚和汗，就無法充分燃燒。迂迴繞道的青春，在不久之後就會結實纍纍。人生之路，是漫長遙遠的。

人只有大大事件，出生、生活、死亡。

——拉・布里約爾
『人各式各樣』

在人潮洶湧的上班電車裡，或下班後的酒舖內，絕不會想到「人生，就是出生、生活、死亡」的問題。在手按文書處理機的按鍵，或計算出差旅費時，也不會意想這一類的問題。

熱烈「生活」時，就無餘裕思考出生、死亡及生活本身。以某個角度來看，該狀態堪稱「幸福」。儘管如此，但是，不思考生或死的人生，誠然非理想的人生，卻又是人生有趣之處，此乃人類思想的矛盾之處。

因此，偶爾前往墓園散步也是很有趣，你覺得如何?不是老人，而是年輕人到墓園拜訪才有意義。

人佇立在墓園，會始料未及地邂逅歷史上的人物。同時，墓園是屬於城市中綠地較多的地方，因此，力薦為約會之處。在墓碑或墓石之間散步，描繪自己將來的情景，並非藝術，而是充實自我的一種方式。

確實，風向不易預測，
但是，並非完全無法預測。

——『培養自己的命運』　米長邦雄

有一句話，「不要以為可永久擁有父母和財富，也不要以為不會遭遇命運和災難」。以此來看，切勿以為自己不會有好運。而且，一旦放棄這種念頭，幸運之神就會棄你而去。

本來，命運和自己並非完全分離，獨立存在的。殊不知，二者之間有著相當密切的關係。亦即，應該自己去追求、培養、創造命運。

行商交易時，必須先調查對方的公司和人物。至於工作內容和順序，一樣要做充分檢討。然後，儘量以有利的條件和狀態進行交易。至於命運的開發，也是同等狀態。

或許有人會反駁，「不，命運不是這種性質」。既然對於偶然獲得有利條件的人稱為「好運」，那麼就可以刻意創造那種狀態，變成「帶來好運」或者「獲得好運」。

猶如魔術，必然有道具，有許多好運是可以應用道具喚來。

叫春的貓，在豎橫的草叢中叫著、走著

小林一茶

——『文政句帖』

在冷冽的冬日進行日光浴時，耳際傳來叫春的貓聲，不禁令人也逐漸融入於情愛的氛圍中。這種情境使自己和外界的界線消失，進而和周圍合為一體。

這種心境，和無時不刻處於緊張、神經敏銳、絲毫不敢以鬆懈之心窺伺周圍的企業界日常生活模式，是完全不同次元的世界。

如此優游自在的生活，完全不會有管理社會的壓力。完全不加力於身心的任何部位，是屬於忘我的時刻。

人本來就應該擁有這種感覺和時間。如果每日的生活都很匆忙、緊張，而遺忘如此優閒的世界，就枉費此生了。

當然，這種心態不僅僅限於向陽之處。諸如不抗拒波浪而漂浮在海上、閒坐在深蔭密林中、從車窗優閒地眺望遠方時，都會浮現這種心境。在逐漸溶解防禦本能之際，即可獲得幸福。

啊！好美！現在的我，猶如處在最高峰。

——古井由吉『杳子』

擁有值得誇耀的事物，就大膽的向人誇耀。擁有值得自傲之處，就挺胸傲人。縱然擁有相當的自信，然而卻有「我不行」、「我沒有那麼了不起」等等滅自己威風的話，而隱匿在人後的行為是不應該的。

二十多歲的時期，是因為年輕就能擁有自信。端視鏡中的自己，人人都會覺得「長得不錯」，而獲得滿足。有些男人在注視照映在鏡內的自己裸體時，也會被自己的魅力所吸引。

髮型也是如此。由於認為現在最美，所以才想攝影留念。為了記錄青春，認為自己的裸體價值非凡，於是成為裸體摩特兒。能夠在男人面前裸裎，而且很自信地說：「大腿稍粗是唯一缺點，其餘都完美無比。」

年輕時代，正是肉體最燦爛無瑕的時期，因此可以作為武器。隨著年齡的增長，肉體也會日漸衰退，當然再也無法充作武器了。

配合每一時期，善用最佳武器，才是充分享受自己人生的基本。

在無趣的世界裡要過得有趣

高杉晉作
——幕府末期的志士

此乃高杉晉作的辭世之句（遺囑）。一提到辭世之句，或許各位會認為「其人已相當年邁」。但是，當時的晉作僅僅二十八歲而已。傳聞勤皇的女歌手野村望東尼，在其後又接一句「關鍵在心」。現在僅以這句話，即可充分顯現其真面目。

「無趣世界」，若以無味的方式生活，其一生勢必無趣。但是，能夠「有趣」生活的滿足感，不是人人皆可獲致。在時代大轉變之際，他一定縱橫無礙、無拘無束、奔放自在的享受其人生。

能夠的話，我們也要擁有晉作的這種心態生活。切勿一味抱怨在管理社會中多麼無聊，應該由自己在無趣的世界上興起波浪。再也沒有理由必須一直順從傳統的陋習。在制度上、精神上，唯有緩和規制，青年才能不斷產生活力。所謂「有趣」，就是不必有遠慮，堂堂正正、快快樂樂地生活。

帶給人最多災禍的也是人

普利紐斯
——『自然史』

在科學和技術的發達十分醒目的十九世紀至二十世紀，人人都不懷疑「明日將比今日更進步」。可是現在，因地球環境的污染、生態系的破壞，使人們對自己本身的生存也產生危機意識。這一切皆因人類的所作所為的結果。

根據統計，現在世界人口已高達五十六億，倘若以同樣速度繼續增加人口，則地球並無足夠的食物和資源來供養不斷擴增的人口。無論任何動物，在異常繁殖之下，必然自滅，此乃自然界的法則。

無論如何，人類對自然加上太大力量。結果，卻無法控制其力。於是，想假借自己的手來毀滅自己的生命和命運。

人類是由民族、宗教、國家、部族、個人等的自私性引發戰爭、殺戮、虐殺。此乃成為人類的災禍。至今，人類尚未發現足以戰勝科學、技術和自私的睿智。

知者不言 言者不知

『老子』

人事異動的傳聞，不知從何處流竄出來。結果，有時傳聞是正確的，有時則完全與事實相反。但是，傳聞愈是厲害，結果彷彿會像真實的一般。

無論是人事異動的預測，本來預測就是不管由誰做預測都有相當的信憑度。但是，如同賽馬或賽車的預測，前三圈的轉彎處順序皆如預測，可是到達終點時就不一定了。

有人在事情未依預定進行時，就會說：「預定只是預定而已，預定就是未定之意。」預測也是如此，只是預測而已。可是，人生極易受到預測的左右。

當然，傳聞並非當事者的發言。因此，傳遞風聞者不可能了解事實或真相。不過，亦非刻意誑言，所以不能以「言者不知」的理由，而不理睬該傳聞。

人生諸相會因「言者」而一憂一喜，因「知者」的決定而進行。我們便成為如此過程，及其結果的勇者。

我的基本人生觀，是想邁向和他人不同的自我人生。

——『被幸運女神喜愛的方法』　竹村健一

長久以來，日本一向是農耕社會，因此鄰家開始種田時，自己也同樣忙著種田。如果只有一家未結束種田，將會遭到周圍的恥笑，而且那一家人也以此為恥，希望早一日趕上大家。

由於如此，無不左顧右盼，唯恐過快或過慢，一心期盼和大家同步的生活。亦即，和大家相同的生活方式為最理想的觀念。因此，如同俗謂「即使紅燈，大家一起闖也就不怕」的心態。即使違反規定，但只要大家一起做，便成為應該之事。

可是，村落社會開始崩壞，轉變為國際化、資訊化的時代，必須在競爭社會中求生存，人必在各種場面上遭致競爭。如此一來，只要大家同一步調就會遭到淘汰。可是，愈個性化，愈與衆不同的生活方式，其競爭和被比較的對象就愈少，所以愈可能邁向個人之路。此乃可謂時代奇論。

沒落的民族首先喪失的是節度

史蒂佛達
——『水晶』

不僅民族如此，連個人、公司、國家，一旦喪失節度，其後就會持續不斷的墮落。喪失節度、迷失倫理觀、罪過意識淡薄，會產生某種解放感，而成為斷線的紙鳶。

「不是只有我自己一人。」

「只有我自己一人遵守規則也無濟於事。」

「我不抱怨他人，但是也不讓他人抱怨我。」

如此般的辯駁和自我正當化的理由如山。不久之後，節制愈來愈鬆，終至無法控制，讓一步就退兩步，讓二步就後退三步，最後便無可收拾了。緊接著便是崩壞和沒落。

一旦發覺事態嚴重時，泰半已無法挽救，唯有默默接受滅亡者應該滅亡的命運。

另一個世界呈現在我們眼前時，人才會開始內省。

——『我是如何成為基督信徒』　內村鑑三

到外國旅行時，當然會接觸外國的風物和人物。過去僅僅依靠耳聞或照片所認識的，現在可依據自己的眼睛去確認，以及和人們的交談，體驗不少令自己驚愕或發現的事物。無論觀光、飲食或購物，能了解過去所陌生的事物將會有很大驚喜。同時，可透過該體驗，重新發現自己的國家。當然，原本以為是極普通的常識，現在才發現是極特殊的事物。例如，並非全世界所有國家的道路都是靠左側通行，而且也不是在短時間之內，匆匆忙忙結束午餐。

在精神或宗教的領域裡，也有相同的情形。無論愛、善、惡、罪，並非一元性的。在該場合裡，若以自己的理念或宗教觀視為異端時，會排斥他人宗教觀的，只不過是一種條件反射的心理而已。

但是，涵養深者在目睹如此事實時，會要求自己內省。倘若不知內省，則接觸自己以外的精神世界或其他宗教，便無意義了。

從路面量起一〇八公分高就是我的視線

坂本明子

——『坐在輪椅上的自語』

造訪自己兒時的住處，會發生令人不可思議之事。「不錯，這個斜坡應該更陡」「街角的香菸舖應該離家更遠」等等，環視圍繞自己的環境，今昔相照感受確實有相當大的差距。兒時在斜坡騎腳踏車時，車到坡中就死命踩緊煞車的記憶至今猶新；但現在，這個斜坡似乎不是那麼傾斜了。不過，這種不同感受，並非這條道路曾經經過新工程，而有所改變的。

總之，身軀尚小時，相對性地，會感覺眼前的環境是那麼龐大。此乃視線低，所以感覺斜坡很陡。

因此，坐在輪椅上，從路面量起一〇八公分高所見的世界，和一般大人所見的不太一致。如此一來，別人看不到的，卻能清楚看到。

人的想像力，只要上下移動一下視線，就會變得很豐富。各位不妨實際嘗試、體驗一番。

益友有三：一是賜予美物之友。二是醫師。三是智慧之友。

——吉田兼好『徒然草』

饋贈美物的朋友，確實可貴。但是，旅行買回來的土產玩偶或民俗工藝品等，因房間狹小，根本無處可擺。在結婚、入學或就職時所獲得的皿、鉢、刀叉的套子已經把壁櫃塞得滿滿的。

如果他人在饋贈禮物時可由自己選擇，則以實用品或轉售為佳。當然，這也會成為我們饋贈禮物給他人時的標準。據悉，家庭主婦最喜歡獲得的禮物是禮券。這並不只是家庭主婦喜歡而已。

以醫師或智慧者為友，在現在也廣受歡迎。和兼好法的時代並無二樣。

不過，現在的年輕人或許會主張「一是贈金者。二是性友。三是人脈廣博者」。

或許各位會覺得這種要求太過分、現實。但是，在人生上應該要求的就要要求，才是現實。即使是看破紅塵的出家人，所提出的交友條件也是很現實。

國民健康比國民財富更重要

杜南特

──『哲學與社會問題』

「唉！人為何會死亡？我要活下去！活千年、萬年！」這是出版於明治三十一（一八九八）年德富蘆花小說『不如歸』的主角浪子，在罹患結核病所吶喊的心聲。當時（其後一段時間），結核病被看成不治之病。有人唯恐遭到傳染，路經結核病患者門前時，無不以小步快速通過。

但現在，不會有人聽到結核病就直接連想到死亡。

由此看來，任何一個時代都存在著只要醫學更進步即可治癒的疾病，然而在當時卻是藥石罔效的疾病。疾病的治療法也是因時代而異，不過外科性質的處置最流行之際，連不必切除也一一動刀剷除。

任何人都無法超越時代而活，不僅和罹患的疾病有關，連罹患疾病的時代也關係重大。由於如此，決定了其人的命運。

無論好、壞，都能看到前方。
若是激動期，
則無餘裕考慮前方。

——『偽天國』
中野　翠

縱然山不高，但登山時，會一意向山頂前進，一心只想儘快到達山頂。在往山頂攀登之際，腦海裡不時會出現「不知還有多少公里」「好喘，真辛苦！」等等的念頭。

但是，到達山頂準備下山的路段上，腦裡也會浮現許多想法，諸如，「途中可以泡泡溫泉」「晚餐吃什麼？」「想暢飲啤酒」等等。這是除了下山的直接目的之外，還將其以後之事納入視野之中步行下山。

最近，有些二十多歲的年輕人，已開口表示老後的計畫，此乃意味所處的社會祥和、富裕。如果只為了每日的生活而汲汲營營，或者完全無法預測未來的人，豈有餘裕思考入墓之事。可是計畫是很重要，能事先擬定計畫誠然可貴，不過其另一面，人生會缺乏之戲劇性。

人生在世，應避免令人生厭的平穩人生，必須刻意演出深具戲劇性的人生為要。

必須走一次危橋

諺語

自己這一代白手起家，或者被視為成功者的人，在其一生的某處必曾下過大賭注。賭注獲勝，其結果才有成功。

邁向成功之道，是不斷的努力。美國的發明家愛迪生，將成功的秘訣表示為「九十九％的汗水」，至於喜劇泰斗卓別林也認爲「九十九％是努力」。

可是，僅僅腳踏實地地苦幹是不會有飛躍性的成就。愛迪生說，剩餘的百分之一是靠靈感；卓別林則強調是才能。亦即，促使日常性的腳踏實地能夠爆發性的綻放，必須加上某些冒險為要。

危橋或孤注一擲的大賭注，也是造成那種變化的手段之一。可是，這是一種賭注。賭是一種魅力性。雖然具有魅力，但風險大，而且深具緊張性。或者由於如此，會成為敗因。因此，「不自覺是危橋之際渡過」為最理想。這些人堪稱好運之人。

除了維持現狀繼續前進之外，別無他法了。

詹姆斯・雷奧・哈禮序
──『深夜裡的牛仔』

被捲入高速公路上的塞車陣裡，即使是諸葛亮也會束手無策。除了陪著車陣慢慢往前移動以外，別無他法了。即使焦慮地猛鳴喇叭也是於事無補，連無聊地彈舌頭、敲打方向盤也毫無作用。

在人生旅途上，偶而也會發生這種狀況。在擠得水泄不通的上班電車內，想端正自己的姿勢，反而會遭到很大的抵抗。還是順其自然地讓身體在壅塞不堪的車內擺動，會比較舒服。

如果浸泡在以微溫為特徵的溫泉裡，應該一直泡久一點。如果匆忙浸泡結束，則很容易著涼。原因在於持續浸泡中，身體才會逐漸暖和。

對應人生的某一時期，或某一事件，「切勿掙扎」，也是生活智慧之一。其中，你所憎恨的上司會因人事異動而調走。所以必須忍耐、忍耐。

俗諺「忍無可忍，為真忍」。

所謂可能性，其本身並無力量。

——『繩文式頭腦革命』 栗本愼一郞

中獎券頭獎的可能性，是舉凡購買獎券者均有的中獎機會。但是，並非意味購買者皆可中頭彩。同時，罹患疾病的可能性人人皆有，但並非人人都會發病。

可能性，只不過是可能性而已；因此，因而一憂一喜是毫無意義的。不過，人生是為了這種可能性而憂喜參半。用心思考即知，人生上的理想和夢，均為個人的可能性問題。

有人相信，有可能性就是邁向成功的捷徑，而進行人生設計。但有些人卻將似乎有可能性視為人生之畏，而對其可能敬謝敏之。本來，人生看起來是很單純，但卻複雜；以為很複雜，卻是單純。

二十多歲的年輕人眼前，可說並列著一切的可能性，可是應該注目哪一個呢？其注目點將決定其未來。人生，可說在一寸之前是闇暗的同時，一寸之前是光明。

相信自己命運者才是好運者

德國諺語

據悉，知識層次愈高者，愈不容易治癒其疾。理由在於不會無條件地採信醫師的每一項指示。此乃凡事持疑的習性或知識使然。

傳聞疾病最容易痊癒的是，絕對信賴醫師的女性。一旦被指示「只要按時服藥，保持安靜，即可痊癒」，便相信其言，在此瞬間已開始幻想自己病癒的狀態。人的處境會因心態而異。傳聞，以麵粉作成胃藥給患者服用，可相當比率的改善此胃病，因此信者才能獲救。

命運亦同。相信自己的命運是好的，命運就不會辜負所願。結果，便成為好運的男人和好運的女人。如同不相信他人，他人就不相信自己一般，不相信命運，命運就不會造訪你。

過於畏懼死亡，反而想死。

——『九三年鑑代表劇本集』…「小奏鳴曲」　**米德武志**

走在夜路上，心寒膽怯地唯恐惡物出現，就會看到讓人顫慄的可怕對象。結果，過於驚嚇而全身無力。心裡暗忖，與其處在如此驚人的環境，不如死掉來得痛快。注目著眼前要人命的對象，原來只是枯尾花（芒花）。

因此，「幽靈的真面目是枯尾花」。

懼高症的人在攀登高處時，會因恐懼而產生寧願死亡的念頭。換言之，不是死亡本身可怕，而是無法忍受死的恐怖。走在搖晃不定的吊橋上的旅行者，冷汗直竄，兩腳突然僵硬不聽使喚。心裡畏懼難堪，由於太可怕而寧願投身於其下的河谷裡。

有人知道自己罹患癌症後自殺。其實，癌症在今日已非完全不治之病；可是，有人因為想擺脫死的恐怖而自殺。

有時不是命運在左右人生，而是多疑的心態在支配人生和命運。

作者簡介：秋庭道博

一九三五年東京生。早稻田大學文學部畢業。專欄作家、評論家。

以獨特的視點與敏銳的觀察力、洞察人類的生存百態，對知識的冷嘲熱諷尤為犀利，溫暖了廣大的人們之心。

主要著作有『ことばの切れ味』『ことばの表情』『ことばのご機嫌』『勝ちぐせをつけなさい』『なぜか大きな声でい之ない話』等。

大展出版社有限公司	圖書目錄

地址：台北市北投區11204 致遠一路二段12巷1號
電話：（02）8236031 8236033
郵撥： 0166955～1
傳眞：（02）8272069

・法律專欄連載・電腦編號58

台大法學院 法律學系／策劃 法律服務社／編著

①別讓您的權利睡著了1	200元
②別讓您的權利睡著了2	200元

・秘傳占卜系列・電腦編號14

①手相術	淺野八郎著	150元
②人相術	淺野八郎著	150元
③西洋占星術	淺野八郎著	150元
④中國神奇占卜	淺野八郎著	150元
⑤夢判斷	淺野八郎著	150元
⑥前世、來世占卜	淺野八郎著	150元
⑦法國式血型學	淺野八郎著	150元
⑧靈感、符咒學	淺野八郎著	150元
⑨紙牌占卜學	淺野八郎著	150元
⑩ＥＳＰ超能力占卜	淺野八郎著	150元
⑪猶太數的秘術	淺野八郎著	150元
⑫新心理測驗	淺野八郎著	160元

・趣味心理講座・電腦編號15

①性格測驗１	探索男與女	淺野八郎著	140元
②性格測驗２	透視人心奧秘	淺野八郎著	140元
③性格測驗３	發現陌生的自己	淺野八郎著	140元
④性格測驗４	發現你的真面目	淺野八郎著	140元
⑤性格測驗５	讓你們吃驚	淺野八郎著	140元
⑥性格測驗６	洞穿心理盲點	淺野八郎著	140元
⑦性格測驗７	探索對方心理	淺野八郎著	140元
⑧性格測驗８	由吃認識自己	淺野八郎著	140元
⑨性格測驗９	戀愛知多少	淺野八郎著	140元

⑩性格測驗10	由裝扮瞭解人心	淺野八郎著	140元
⑪性格測驗11	敲開內心玄機	淺野八郎著	140元
⑫性格測驗12	透視你的未來	淺野八郎著	140元
⑬血型與你的一生		淺野八郎著	160元
⑭趣味推理遊戲		淺野八郎著	160元
⑮行爲語言解析		淺野八郎著	160元

・婦 幼 天 地・電腦編號16

①八萬人減肥成果	黃靜香譯	180元
②三分鐘減肥體操	楊鴻儒譯	150元
③窈窕淑女美髮秘訣	柯素娥譯	130元
④使妳更迷人	成　玉譯	130元
⑤女性的更年期	官舒妍編譯	160元
⑥胎內育兒法	李玉瓊編譯	150元
⑦早產兒袋鼠式護理	唐岱蘭譯	200元
⑧初次懷孕與生產	婦幼天地編譯組	180元
⑨初次育兒12個月	婦幼天地編譯組	180元
⑩斷乳食與幼兒食	婦幼天地編譯組	180元
⑪培養幼兒能力與性向	婦幼天地編譯組	180元
⑫培養幼兒創造力的玩具與遊戲	婦幼天地編譯組	180元
⑬幼兒的症狀與疾病	婦幼天地編譯組	180元
⑭腿部苗條健美法	婦幼天地編譯組	150元
⑮女性腰痛別忽視	婦幼天地編譯組	150元
⑯舒展身心體操術	李玉瓊編譯	130元
⑰三分鐘臉部體操	趙薇妮著	160元
⑱生動的笑容表情術	趙薇妮著	160元
⑲心曠神怡減肥法	川津祐介著	130元
⑳內衣使妳更美麗	陳玄茹譯	130元
㉑瑜伽美姿美容	黃靜香編著	150元
㉒高雅女性裝扮學	陳珮玲譯	180元
㉓蠶糞肌膚美顏法	坂梨秀子著	160元
㉔認識妳的身體	李玉瓊譯	160元
㉕產後恢復苗條體態	居理安・芙萊喬著	200元
㉖正確護髮美容法	山崎伊久江著	180元
㉗安琪拉美姿養生學	安琪拉蘭斯博瑞著	180元
㉘女體性醫學剖析	增田豐著	220元
㉙懷孕與生產剖析	岡部綾子著	180元
㉚斷奶後的健康育兒	東城百合子著	220元
㉛引出孩子幹勁的責罵藝術	多湖輝著	170元
㉜培養孩子獨立的藝術	多湖輝著	170元

㉝子宮肌瘤與卵巢囊腫	陳秀琳編著	180元
㉞下半身減肥法	納他夏・史達賓著	180元
㉟女性自然美容法	吳雅菁編著	180元

・青 春 天 地・電腦編號 17

①A血型與星座	柯素娥編譯	120元
②B血型與星座	柯素娥編譯	120元
③O血型與星座	柯素娥編譯	120元
④AB血型與星座	柯素娥編譯	120元
⑤青春期性教室	呂貴嵐編譯	130元
⑥事半功倍讀書法	王毅希編譯	150元
⑦難解數學破題	宋釗宜編譯	130元
⑧速算解題技巧	宋釗宜編譯	130元
⑨小論文寫作秘訣	林顯茂編譯	120元
⑪中學生野外遊戲	熊谷康編著	120元
⑫恐怖極短篇	柯素娥編譯	130元
⑬恐怖夜話	小毛驢編譯	130元
⑭恐怖幽默短篇	小毛驢編譯	120元
⑮黑色幽默短篇	小毛驢編譯	120元
⑯靈異怪談	小毛驢編譯	130元
⑰錯覺遊戲	小毛驢編譯	130元
⑱整人遊戲	小毛驢編著	150元
⑲有趣的超常識	柯素娥編譯	130元
⑳哦！原來如此	林慶旺編譯	130元
㉑趣味競賽100種	劉名揚編譯	120元
㉒數學謎題入門	宋釗宜編譯	150元
㉓數學謎題解析	宋釗宜編譯	150元
㉔透視男女心理	林慶旺編譯	120元
㉕少女情懷的自白	李桂蘭編譯	120元
㉖由兄弟姊妹看命運	李玉瓊編譯	130元
㉗趣味的科學魔術	林慶旺編譯	150元
㉘趣味的心理實驗室	李燕玲編譯	150元
㉙愛與性心理測驗	小毛驢編譯	130元
㉚刑案推理解謎	小毛驢編譯	130元
㉛偵探常識推理	小毛驢編譯	130元
㉜偵探常識解謎	小毛驢編譯	130元
㉝偵探推理遊戲	小毛驢編譯	130元
㉞趣味的超魔術	廖玉山編著	150元
㉟趣味的珍奇發明	柯素娥編著	150元
㊱登山用具與技巧	陳瑞菊編著	150元

・健康天地・電腦編號18

①壓力的預防與治療	柯素娥編譯	130元
②超科學氣的魔力	柯素娥編譯	130元
③尿療法治病的神奇	中尾良一著	130元
④鐵證如山的尿療法奇蹟	廖玉山譯	120元
⑤一日斷食健康法	葉慈容編譯	150元
⑥胃部強健法	陳炳崑譯	120元
⑦癌症早期檢查法	廖松濤譯	160元
⑧老人痴呆症防止法	柯素娥編譯	130元
⑨松葉汁健康飲料	陳麗芬編譯	130元
⑩揉肚臍健康法	永井秋夫著	150元
⑪過勞死、猝死的預防	卓秀貞編譯	130元
⑫高血壓治療與飲食	藤山順豐著	150元
⑬老人看護指南	柯素娥編譯	150元
⑭美容外科淺談	楊啟宏著	150元
⑮美容外科新境界	楊啟宏著	150元
⑯鹽是天然的醫生	西英司郎著	140元
⑰年輕十歲不是夢	梁瑞麟譯	200元
⑱茶料理治百病	桑野和民著	180元
⑲綠茶治病寶典	桑野和民著	150元
⑳杜仲茶養顏減肥法	西田博著	150元
㉑蜂膠驚人療效	瀨長良三郎著	150元
㉒蜂膠治百病	瀨長良三郎著	180元
㉓醫藥與生活	鄭炳全著	180元
㉔鈣長生寶典	落合敏著	180元
㉕大蒜長生寶典	木下繁太郎著	160元
㉖居家自我健康檢查	石川恭三著	160元
㉗永恒的健康人生	李秀鈴譯	200元
㉘大豆卵磷脂長生寶典	劉雪卿譯	150元
㉙芳香療法	梁艾琳譯	160元
㉚醋長生寶典	柯素娥譯	180元
㉛從星座透視健康	席拉・吉蒂斯著	180元
㉜愉悅自在保健學	野本二士夫著	160元
㉝裸睡健康法	丸山淳士等著	160元
㉞糖尿病預防與治療	藤田順豐著	180元
㉟維他命長生寶典	菅原明子著	180元
㊱維他命C新效果	鐘文訓編	150元
㊲手、腳病理按摩	堤芳郎著	160元
㊳AIDS瞭解與預防	彼得塔歇爾著	180元

㊴甲殼質殼聚糖健康法	沈永嘉譯	160元
㊵神經痛預防與治療	木下眞男著	160元
㊶室內身體鍛鍊法	陳炳崑編著	160元
㊷吃出健康藥膳	劉大器編著	180元
㊸自我指壓術	蘇燕謀編著	160元
㊹紅蘿蔔汁斷食療法	李玉瓊編著	150元
㊺洗心術健康秘法	竺翠萍編譯	170元
㊻枇杷葉健康療法	柯素娥編譯	180元
㊼抗衰血癒	楊啟宏著	180元
㊽與癌搏鬥記	逸見政孝著	180元
㊾冬蟲夏草長生寶典	高橋義博著	170元
㊿痔瘡・大腸疾病先端療法	宮島伸宜著	180元
51膠布治癒頑固慢性病	加瀨建造著	180元
52芝麻神奇健康法	小林貞作著	170元
53香煙能防止癡呆？	高田明和著	180元
54穀菜食治癌療法	佐藤成志著	180元

・實用女性學講座・電腦編號 19

①解讀女性內心世界	島田一男著	150元
②塑造成熟的女性	島田一男著	150元
③女性整體裝扮學	黃靜香編著	180元
④女性應對禮儀	黃靜香編著	180元

・校 園 系 列・電腦編號 20

①讀書集中術	多湖輝著	150元
②應考的訣竅	多湖輝著	150元
③輕鬆讀書贏得聯考	多湖輝著	150元
④讀書記憶秘訣	多湖輝著	150元
⑤視力恢復！超速讀術	江錦雲譯	180元
⑥讀書36計	黃柏松編著	180元
⑦驚人的速讀術	鐘文訓編著	170元

・實用心理學講座・電腦編號 21

①拆穿欺騙伎倆	多湖輝著	140元
②創造好構想	多湖輝著	140元
③面對面心理術	多湖輝著	160元
④偽裝心理術	多湖輝著	140元
⑤透視人性弱點	多湖輝著	140元

⑥自我表現術	多湖輝著	150元
⑦不可思議的人性心理	多湖輝著	150元
⑧催眠術入門	多湖輝著	150元
⑨責罵部屬的藝術	多湖輝著	150元
⑩精神力	多湖輝著	150元
⑪厚黑說服術	多湖輝著	150元
⑫集中力	多湖輝著	150元
⑬構想力	多湖輝著	150元
⑭深層心理術	多湖輝著	160元
⑮深層語言術	多湖輝著	160元
⑯深層說服術	多湖輝著	180元
⑰掌握潛在心理	多湖輝著	160元
⑱洞悉心理陷阱	多湖輝著	180元
⑲解讀金錢心理	多湖輝著	180元
⑳拆穿語言圈套	多湖輝著	180元
㉑語言的心理戰	多湖輝著	180元

·超現實心理講座·電腦編號22

①超意識覺醒法	詹蔚芬編譯	130元
②護摩秘法與人生	劉名揚編譯	130元
③秘法！超級仙術入門	陸　明譯	150元
④給地球人的訊息	柯素娥編著	150元
⑤密教的神通力	劉名揚編著	130元
⑥神秘奇妙的世界	平川陽一著	180元
⑦地球文明的超革命	吳秋嬌譯	200元
⑧力量石的秘密	吳秋嬌譯	180元
⑨超能力的靈異世界	馬小莉譯	200元
⑩逃離地球毀滅的命運	吳秋嬌譯	200元
⑪宇宙與地球終結之謎	南山宏著	200元
⑫驚世奇功揭秘	傅起鳳著	200元
⑬啟發身心潛力心象訓練法	栗田昌裕著	180元
⑭仙道術遁甲法	高藤聰一郎著	220元
⑮神通力的秘密	中岡俊哉著	180元

·養 生 保 健·電腦編號23

①醫療養生氣功	黃孝寬著	250元
②中國氣功圖譜	余功保著	230元
③少林醫療氣功精粹	井玉蘭著	250元
④龍形實用氣功	吳大才等著	220元

⑤魚戲增視強身氣功	宮　嬰著	220元
⑥嚴新氣功	前新培金著	250元
⑦道家玄牝氣功	張　章著	200元
⑧仙家秘傳袪病功	李遠國著	160元
⑨少林十大健身功	秦慶豐著	180元
⑩中國自控氣功	張明武著	250元
⑪醫療防癌氣功	黃孝寬著	250元
⑫醫療強身氣功	黃孝寬著	250元
⑬醫療點穴氣功	黃孝寬著	250元
⑭中國八卦如意功	趙維漢著	180元
⑮正宗馬禮堂養氣功	馬禮堂著	420元
⑯秘傳道家筋經內丹功	王慶餘著	280元
⑰三元開慧功	辛桂林著	250元
⑱防癌治癌新氣功	郭　林著	180元
⑲禪定與佛家氣功修煉	劉天君著	200元
⑳顛倒之術	梅自強著	元
㉑簡明氣功辭典	吳家駿編	元

•社會人智囊• 電腦編號24

①糾紛談判術	清水增三著	160元
②創造關鍵術	淺野八郎著	150元
③觀人術	淺野八郎著	180元
④應急詭辯術	廖英迪編著	160元
⑤天才家學習術	木原武一著	160元
⑥猫型狗式鑑人術	淺野八郎著	180元
⑦逆轉運掌握術	淺野八郎著	180元
⑧人際圓融術	澀谷昌三著	160元
⑨解讀人心術	淺野八郎著	180元
⑩與上司水乳交融術	秋元隆司著	180元
⑪男女心態定律	小田晉著	180元
⑫幽默說話術	林振輝編著	200元
⑬人能信賴幾分	淺野八郎著	180元
⑭我一定能成功	李玉瓊譯	元
⑮獻給青年的嘉言	陳蒼杰譯	元
⑯知人、知面、知其心	林振輝編著	元

•精 選 系 列• 電腦編號25

①毛澤東與鄧小平	渡邊利夫等著	280元
②中國大崩裂	江戶介雄著	180元

③台灣・亞洲奇蹟	上村幸治著	220元
④7-ELEVEN高盈收策略	國友隆一著	180元
⑤台灣獨立	森　詠著	200元
⑥迷失中國的末路	江戶雄介著	220元
⑦2000年5月全世界毀滅	紫藤甲子男著	180元

・運動遊戲・電腦編號 26

①雙人運動	李玉瓊譯	160元
②愉快的跳繩運動	廖玉山譯	180元
③運動會項目精選	王佑京譯	150元
④肋木運動	廖玉山譯	150元
⑤測力運動	王佑宗譯	150元

・銀髮族智慧學・電腦編號 28

①銀髮六十樂逍遙	多湖輝著	170元
②人生六十反年輕	多湖輝著	170元
③六十歲的決斷	多湖輝著	170元

・心靈雅集・電腦編號 00

①禪言佛語看人生	松濤弘道著	180元
②禪密教的奧秘	葉逯謙譯	120元
③觀音大法力	田口日勝著	120元
④觀音法力的大功德	田口日勝著	120元
⑤達摩禪106智慧	劉華亭編譯	150元
⑥有趣的佛教研究	葉逯謙編譯	120元
⑦夢的開運法	蕭京凌譯	130元
⑧禪學智慧	柯素娥編譯	130元
⑨女性佛教入門	許俐萍譯	110元
⑩佛像小百科	心靈雅集編譯組	130元
⑪佛教小百科趣談	心靈雅集編譯組	120元
⑫佛教小百科漫談	心靈雅集編譯組	150元
⑬佛教知識小百科	心靈雅集編譯組	150元
⑭佛學名言智慧	松濤弘道著	220元
⑮釋迦名言智慧	松濤弘道著	220元
⑯活人禪	平田精耕著	120元
⑰坐禪入門	柯素娥編譯	150元
⑱現代禪悟	柯素娥編譯	130元
⑲道元禪師語錄	心靈雅集編譯組	130元

⑳佛學經典指南	心靈雅集編譯組	130元
㉑何謂「生」 阿含經	心靈雅集編譯組	150元
㉒一切皆空 般若心經	心靈雅集編譯組	150元
㉓超越迷惘 法句經	心靈雅集編譯組	130元
㉔開拓宇宙觀 華嚴經	心靈雅集編譯組	130元
㉕真實之道 法華經	心靈雅集編譯組	130元
㉖自由自在 涅槃經	心靈雅集編譯組	130元
㉗沈默的教示 維摩經	心靈雅集編譯組	150元
㉘開通心眼 佛語佛戒	心靈雅集編譯組	130元
㉙揭秘寶庫 密教經典	心靈雅集編譯組	130元
㉚坐禪與養生	廖松濤譯	110元
㉛釋尊十戒	柯素娥編譯	120元
㉜佛法與神通	劉欣如編著	120元
㉝悟（正法眼藏的世界）	柯素娥編譯	120元
㉞只管打坐	劉欣如編著	120元
㉟喬答摩・佛陀傳	劉欣如編著	120元
㊱唐玄奘留學記	劉欣如編著	120元
㊲佛教的人生觀	劉欣如編譯	110元
㊳無門關（上卷）	心靈雅集編譯組	150元
㊴無門關（下卷）	心靈雅集編譯組	150元
㊵業的思想	劉欣如編著	130元
㊶佛法難學嗎	劉欣如著	140元
㊷佛法實用嗎	劉欣如著	140元
㊸佛法殊勝嗎	劉欣如著	140元
㊹因果報應法則	李常傳編	140元
㊺佛教醫學的奧秘	劉欣如編著	150元
㊻紅塵絕唱	海 若著	130元
㊼佛教生活風情	洪丕謨、姜玉珍著	220元
㊽行住坐臥有佛法	劉欣如著	160元
㊾起心動念是佛法	劉欣如著	160元
㊿四字禪語	曹洞宗青年會	200元
⑸妙法蓮華經	劉欣如編著	160元
⑸根本佛教與大乘佛教	葉作森編	180元

・經 營 管 理・電腦編號 01

◎創新經營管理六十六大計（精）	蔡弘文編	780元
①如何獲取生意情報	蘇燕謀譯	110元
②經濟常識問答	蘇燕謀譯	130元
④台灣商戰風雲錄	陳中雄著	120元
⑤推銷大王秘錄	原一平著	180元

⑥新創意・賺大錢	王家成譯	90元
⑦工廠管理新手法	琪　輝著	120元
⑨經營參謀	柯順隆譯	120元
⑩美國實業24小時	柯順隆譯	80元
⑪撼動人心的推銷法	原一平著	150元
⑫高竿經營法	蔡弘文編	120元
⑬如何掌握顧客	柯順隆譯	150元
⑭一等一賺錢策略	蔡弘文編	120元
⑯成功經營妙方	鐘文訓著	120元
⑰一流的管理	蔡弘文編	150元
⑱外國人看中韓經濟	劉華亭譯	150元
⑳突破商場人際學	林振輝編著	90元
㉑無中生有術	琪輝編著	140元
㉒如何使女人打開錢包	林振輝編著	100元
㉓操縱上司術	邑井操著	90元
㉔小公司經營策略	王嘉誠著	160元
㉕成功的會議技巧	鐘文訓編譯	100元
㉖新時代老闆學	黃柏松編著	100元
㉗如何創造商場智囊團	林振輝編譯	150元
㉘十分鐘推銷術	林振輝編譯	180元
㉙五分鐘育才	黃柏松編譯	100元
㉚成功商場戰術	陸明編譯	100元
㉛商場談話技巧	劉華亭編譯	120元
㉜企業帝王學	鐘文訓譯	90元
㉝自我經濟學	廖松濤編譯	100元
㉞一流的經營	陶田生編著	120元
㉟女性職員管理術	王昭國編譯	120元
㊱ＩＢＭ的人事管理	鐘文訓編譯	150元
㊲現代電腦常識	王昭國編譯	150元
㊳電腦管理的危機	鐘文訓編譯	120元
㊴如何發揮廣告效果	王昭國編譯	150元
㊵最新管理技巧	王昭國編譯	150元
㊶一流推銷術	廖松濤編譯	150元
㊷包裝與促銷技巧	王昭國編譯	130元
㊸企業王國指揮塔	松下幸之助著	120元
㊹企業精鋭兵團	松下幸之助著	120元
㊺企業人事管理	松下幸之助著	100元
㊻華僑經商致富術	廖松濤編譯	130元
㊼豐田式銷售技巧	廖松濤編譯	180元
㊽如何掌握銷售技巧	王昭國編著	130元
㊿洞燭機先的經營	鐘文訓編譯	150元

㊾新世紀的服務業	鐘文訓編譯	100元
㊿成功的領導者	廖松濤編譯	120元
54女推銷員成功術	李玉瓊編譯	130元
55ＩＢＭ人才培育術	鐘文訓編譯	100元
56企業人自我突破法	黃琪輝編著	150元
58財富開發術	蔡弘文編著	130元
59成功的店舖設計	鐘文訓編著	150元
61企管回春法	蔡弘文編著	130元
62小企業經營指南	鐘文訓編譯	100元
63商場致勝名言	鐘文訓編譯	150元
64迎接商業新時代	廖松濤編譯	100元
66新手股票投資入門	何朝乾　編	180元
67上揚股與下跌股	何朝乾編譯	180元
68股票速成學	何朝乾編譯	200元
69理財與股票投資策略	黃俊豪編著	180元
70黃金投資策略	黃俊豪編著	180元
71厚黑管理學	廖松濤編譯	180元
72股市致勝格言	呂梅莎編譯	180元
73透視西武集團	林谷燁編譯	150元
76巡迴行銷術	陳蒼杰譯	150元
77推銷的魔術	王嘉誠譯	120元
78 60秒指導部屬	周蓮芬編譯	150元
79精銳女推銷員特訓	李玉瓊編譯	130元
80企劃、提案、報告圖表的技巧	鄭　汶　譯	180元
81海外不動產投資	許達守編譯	150元
82八百件的世界策略	李玉瓊譯	150元
83服務業品質管理	吳宜芬譯	180元
84零庫存銷售	黃東謙編譯	150元
85三分鐘推銷管理	劉名揚編譯	150元
86推銷大王奮鬥史	原一平著	150元
87豐田汽車的生產管理	林谷燁編譯	150元

・成功寶庫・電腦編號 02

①上班族交際術	江森滋著	100元
②拍馬屁訣竅	廖玉山編譯	110元
④聽話的藝術	歐陽輝編譯	110元
⑨求職轉業成功術	陳　義編著	110元
⑩上班族禮儀	廖玉山編著	120元
⑪接近心理學	李玉瓊編著	100元
⑫創造自信的新人生	廖松濤編著	120元

⑭上班族如何出人頭地	廖松濤編著	100元
⑮神奇瞬間瞑想法	廖松濤編譯	100元
⑯人生成功之鑰	楊意苓編著	150元
⑲給企業人的諍言	鐘文訓編著	120元
⑳企業家自律訓練法	陳　義編譯	100元
㉑上班族妖怪學	廖松濤編著	100元
㉒猶太人縱橫世界的奇蹟	孟佑政編著	110元
㉓訪問推銷術	黃静香編著	130元
㉕你是上班族中強者	嚴思圖編著	100元
㉖向失敗挑戰	黃静香編著	100元
㉙機智應對術	李玉瓊編著	130元
㉚成功頓悟100則	蕭京凌編譯	130元
㉛掌握好運100則	蕭京凌編譯	110元
㉜知性幽默	李玉瓊編譯	130元
㉝熟記對方絕招	黃静香編譯	100元
㉞男性成功秘訣	陳蒼杰編譯	130元
㊱業務員成功秘方	李玉瓊編著	120元
㊲察言觀色的技巧	劉華亭編著	130元
㊳一流領導力	施義彥編譯	120元
㊴一流說服力	李玉瓊編著	130元
㊵30秒鐘推銷術	廖松濤編譯	150元
㊶猶太成功商法	周蓮芬編譯	120元
㊷尖端時代行銷策略	陳蒼杰編著	100元
㊸顧客管理學	廖松濤編著	100元
㊹如何使對方說Yes	程　羲編著	150元
㊺如何提高工作效率	劉華亭編著	150元
㊼上班族口才學	楊鴻儒譯	120元
㊽上班族新鮮人須知	程　羲編著	120元
㊾如何左右逢源	程　羲編著	130元
㊿語言的心理戰	多湖輝著	130元
51扣人心弦演說術	劉名揚編著	120元
53如何增進記憶力、集中力	廖松濤譯	130元
55性惡企業管理學	陳蒼杰譯	130元
56自我啟發200招	楊鴻儒編著	150元
57做個傑出女職員	劉名揚編著	130元
58靈活的集團營運術	楊鴻儒編著	120元
60個案研究活用法	楊鴻儒編著	130元
61企業教育訓練遊戲	楊鴻儒編著	120元
62管理者的智慧	程　義編譯	130元
63做個佼佼管理者	馬筱莉編譯	130元
64智慧型說話技巧	沈永嘉編譯	130元

國家圖書館出版品預行編目資料

獻給青年的嘉言／秋庭道博著，陳蒼杰譯，
--初版 --臺北市，大展，民85
面；　　公分--（社會人智囊；15）
譯自：20代に贈ることばの魔力ことばの魅力
ISBN 957-557-644-6（平裝）
1. 格言
192.8　　　　85010781

ISBN 957-557-644-6

獻給青年的嘉言

原 著 者／秋 庭 道 博
編 譯 者／陳　蒼　杰
發 行 人／蔡　森　明
出 版 者／大展出版社有限公司
社　　址／台北市北投區（石牌）致遠一路二段12巷1號
電　　話／(02) 8236031・8236033
傳　　眞／(02) 8272069
郵政劃撥／0166955－1
登 記 證／局版臺業字第2171號
承 印 者／國順圖書印刷公司
裝　　訂／嶸興裝訂有限公司
排 版 者／千賓電腦打字有限公司
電　　話／（02）8812643
初　　版／1996年（民85年）11月
定　　價／180元

大展好書 好書大展

大展好書 好書大展